ESSAI

SUR

LE ZODIAQUE CIRCULAIRE

DE DENDERAH,

MAINTENANT AU MUSÉE DU ROI;

Par M. Alexandre LENOIR,

Chevalier de l'Ordre royal de la Légion d'Honneur, et de l'Éperon d'or de Rome ; créateur et ancien conservateur du Musée des Monumens français, administrateur des Monumens de l'église royale de Saint-Denis ; membre de la Société royale des Antiquaires de France et de celle de Londres ; professeur d'antiquité à l'Athénée royal de Paris, de la Société royale académique des sciences ; de la Société philotechnique, etc. etc.

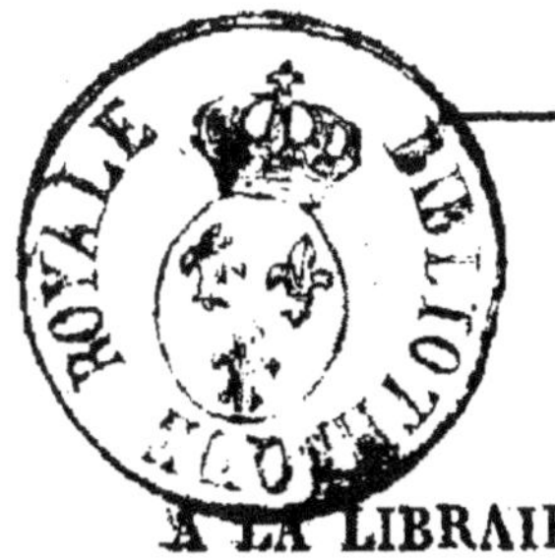

PARIS,

A LA LIBRAIRIE DES ANNALES FRANÇAISES,

BOULEVARD DU TEMPLE, N°. 45.

1822.

ESSAI

SUR LE ZODIAQUE CIRCULAIRE

DE DENDERAH,

MAINTENANT AU MUSÉE DU ROI.

PREMIÈRE PARTIE.

L'arrivée à Paris du zodiaque de Denderah, est une conquête pour la science ; rendons grâce au souverain ami des lettres et des arts, qui a daigné en faire l'acquisition. N'oublions pas que MM. Saulnier fils, et Le Lorrain, ont bien mérité de la patrie, pour le succès d'une entreprise aussi hardie que difficile ; rien ne manque à leur gloire, puisque cette grande œuvre a été consommée, et couronnée de l'agrément du roi.

On a diversement écrit et parlé du zodiaque circulaire de Denderah, qui fixe aujourd'hui les regards des savans de la capitale dont il fait l'ornement. Si j'entreprends d'écrire sur cette matière, ce n'est nullement dans l'intention de faire mieux que ceux qui m'ont devancé, mais seulement de relater, sur ce monument vénérable, quelques points essentiels qui leur sont échappés (1). Avant d'en parler, je dois faire observer que

____

(1) A l'arrivée du zodiaque, j'ai témoigné le désir de le voir ;

l'on a commis une grande erreur, quand on a publié de nouveau la dissertation de Dupuis, comme étant l'explication du planisphère qui est au Musée. Les deux tableaux représentent, il est vrai, les douze signes du zodiaque; mais l'un est figuré en forme de planisphère, c'est-à-dire circulairement, tandis que l'autre se présente sur deux bandes longues : ces bandes servent de soffites au portique du même temple, et sont placées au centre de vingt-quatre colonnes : *ces sculptures*, lit-on dans l'ouvrage de la commission, *occupent en entier les deux soffites extrêmes, qui ont vingt mètres seize centimètres de longueur, et trois mètres soixante-dix-neuf centimètres de largeur.* L'autre servait de plafond dans la seconde pièce du petit appartement de l'intérieur du temple. Pour faire connaître la position de ce planisphère, écoutons ce que l'on en dit dans l'ouvrage de la commission d'E-gypte. « En sortant du portique du temple de Dende-

---

M. Saulnier fils, dont l'amour pour la science n'est point équivoque, s'est empressé de me faire ouvrir les portes du dépôt où il l'avait placé provisoirement, en attendant un local plus convenable. Cette complaisance que je n'oublie pas, et dont je lui témoigne publique-ment ma reconnaissance, m'a mis à même de faire connaître à l'une des séances du Cercle des Arts où j'ai ouvert un cours d'antiquités, mes idées sur ce monument curieux. A ce premier travail, j'ai ajouté de nouvelles observations qui, si elles ne sont pas tout ce que je voudrais qu'elles fussent, auront au moins le mérite d'être présentées aux lecteurs des Annales, dans l'intention de leur être agréable, et de satisfaire en même temps leur curiosité.

» rah, et en prenant sur la droite pour en faire le
» tour, on marche sur des monticules de décombres,
» qui, s'élevant par une pente rapide, enveloppent
» de ce côté le portique jusqu'à une hauteur consi-
» dérable, et le temple, proprement dit, jusqu'à la
» partie inférieure de ces frises richement décorées,
» que l'on voit dans tous les édifices égyptiens. Une
» ouverture, évidemment forcée à travers l'entable-
» ment, donne accès sur la terrasse du temple : en y
» pénétrant, on trouve aussitôt, à sa droite, un petit
» appartement (Voy. la pl. 8, fig. 2, et la pl. 11,
» fig. A, vol. IV.) partagé en trois pièces : la pre-
» mière, dans laquelle on entre, est découverte; ses
» murs sont décorés de sculptures parfaitement exé-
» cutées; elle a quatre mètres quarante centimètres
» de largeur; on la traverse pour arriver à une se-
» conde salle qui est couverte, et qui reçoit le jour
» par une porte et deux fenêtres à peu près carrées :
» tous les murs de celle-ci sont décorés de sculptu-
» res, dont le travail est extrêmement soigné; on y
» voit une étonnante profusion de petits hiéroglyphes
» en relief, qui sont sculptés avec la dernière préci-
» sion. C'est au plafond de cette salle que l'on trouve
» le zodiaque circulaire représenté planche 21 (c'est-
» à-dire, celui qui est aujourd'hui au Musée du roi);
» cette chambre a la même largeur que la précédente,
» et une longueur de trois mètres cinquante-trois
» centimètres. La pièce que l'on trouve après celle-là,
» et dont les dimensions sont à peu près les mêmes,
» est dans l'obscurité la plus profonde; ses murs

» sont aussi couverts de sculptures, et son pla-
» fond, sur-tout, offre des sujets qui sont très-bien
» exécutés, et qui paraissent avoir trait à l'astro-
» nomie.

» L'ouverture forcée à travers la corniche, est le
» passage qui se présente naturellement aux voyageurs
» pour arriver sur les terrasses du temple; mais on
» y monte aussi par un très-bel escalier (Voy. A,
» vol. IV, et la pl. F. de la collection des monumens
» astronomiques), que l'on ne trouve point d'abord,
» et auquel on ne parvient que difficilement, tant
» est grand l'encombrement de l'intérieur de l'édi-
» fice. » (Tom III, *Antiquités et Descriptions*, pag. 489,
édit. de Penckoucke).

En vendant la Description de Dupuis, avec le dessin du zodiaque circulaire de la seconde chambre du
temple de Denderah, si l'on s'est trompé, on l'a fait
avec connaissance de cause, puisque Dupuis a ajouté
la gravure du soffite du portique, quand il a fait imprimer ses observations dans la *Revue philosophi-*
que, où l'on a copié la notice nouvellement mise au
jour.

OBSERVATIONS SUR CE PREMIER MONUMENT.

Si on jette un coup-d'œil sur la gravure du portique de Denderah expliqué par Dupuis, on aura une
idée de l'opinion des Egyptiens sur leur grande déesse
Isis (Voy. commis. d'Egyp., pl. A et C, grand
format, dessinées par MM. Jollois et Devillers); cette
figure colossale, répétée deux fois, et hors de toute

proportion humaine, est renversée de manière à contenir, dans la dimension de son corps, les planètes, les astres, et en général la totalité des astérismes, ou des habitans des cieux. Sa forme, son attitude couchée et tournée de manière à embrasser tout ce qui existe, exprime bien l'immensité de la puissance d'Isis, car les Egyptiens supposaient que sa tête touchait le sommet du ciel, et ses pieds, l'extrémité de la terre; et pour caractériser d'une manière sensible la durée éternelle de l'univers, le prêtre grammatiste qui a donné et dirigé cette sculpture, a fait tailler, près de la bouche de la déesse, un globe ailé, le symbole de l'*éternité*, pour exprimer que ses paroles ou ses discours ne passeront point. On a également tracé un scarabée vers le milieu de son corps, à la naissance des cuisses, pour exprimer qu'Isis renferme dans son sein tous les germes fécondans, ainsi que le pouvoir de créer, sans avoir besoin d'aucun secours étranger. Le scarabée est l'image de la puissance génératrice d'Osiris; il est, a dit M. le baron Denon dans son *Voyage d'Egypte*, l'emblême de la *force*, de la *sagesse*, et de l'*industrie*.

Avant d'aller plus loin, je remarquerai que dans une dissertation imprimée sur le soffite du temple de Denderah, l'auteur, trompé par la forme mal copiée, a pris le scarabée dont je viens de parler, pour le *Cancer* du zodiaque; il a établi ses argumens d'après cette méprise, et ce qu'il y a de plus remarquable encore, c'est que sa supposition lui a été disputée, parce que l'aile qui est placée au-dessous du corce-

let de l'animal étant très-prolongée, elle a fait supposer que cette figure n'était pas le *Cancer*. Celui qui
a parlé ainsi, avait raison, puisqu'en effet le Cancer
est placé au-dessus : cependant il aurait dû se rappeler que le scarabée était consacré à la Lune, et qu'il
prend son domicile au Cancer.

Le scarabée, l'image du soleil chez les Egyptiens,
est dans la classe des vers qui subissent des métamorphoses ; car ce petit animal paraît d'abord sous la
forme d'un *ver*, il se change ensuite en *nymphe*, et
devient enfin scarabée. On se plaît à croire que ces
métamorphoses naturelles ont inspiré aux prêtres
égyptiens la merveilleuse idée du dogme de la réor-
ganisation des corps qu'ils enseignaient : de là, sans
doute, est venu l'usage des momies, qui sont une imitation du scarabée dans l'état de nymphe (1).

Le scarabée fut mis au nombre des hiéroglyphes.
Suivant Horus-Apollon, il désigne la *naissance*, le *père*,

---

(1) Tous les scarabées ou tous les *cléoptères* ont été originai-
rement dans l'état de *larves* ou de *vers*, dont les uns habitent les
bouses de vaches et autres excrémens des animaux, les autres au
fond des eaux claires ou bourbeuses, d'autres dans les feuilles
des arbres, d'autres dans la terre, et ceux-ci font grand tort aux
racines des plantes et des arbres dont ils se nourrissent. C'est
dans ces divers endroits que ces vers croissent, se nourrissent,
subissent des métamorphoses qui leur sont communes avec plusieurs insectes, se changent en *nymphes* et deviennent ensuite des
scarabées. (Voy. dict. de Valmont de Bomare, art. *nymphe* et
scarabée).

le *monde ;* il était, en Egypte, l'image de la transmigration des corps : aussi le voit-on dessiné ou peint sur les caisses des momies ; il y est souvent répété, et dans l'intérieur on y trouve en abondance sa figure modelée en terre vernissée, en porcelaine bleue ou verte : on le trouve aussi sculpté sur des pierres précieuses (1). Il y avait trois espèces de scarabées, celle qui a deux cornes, et qu'on appelle *Taurus*, celle qui n'en a qu'une, le *Monoceros*, et celle dont on comparait l'éclat à celui des rayons solaires. Après la retraite des eaux du Nil, le limon qu'il dépose sur les terres est couvert d'une grande quantité de scarabées. Dans l'ouvrage de la commission, ce dont je viens de parler se dessine sur le second soffite du plafond.

Sur la figure du premier soffite qui se présente le premier à la vue, en entrant sous le portique, le scarabée ne s'y trouve plus, et la place qu'il occupe dans l'autre figure est remplacée par le disque du soleil, dont les rayons se prolongent jusqu'au bas du tableau, et à travers desquels on aperçoit, dans la poudre qu'il forme par la vigueur de sa lumière, un buste de femme posé sur une espèce de stylobate, que Dupuis appelle *une pyramide*. Je suppose que ce buste est la partie supérieure de la *Vierge*, expression

______

(1) Comme agate, cornaline ou sardoine onix, basalte noire ou verte, porphyre, serpentine, albâtre, etc. ; les Arabes en font commerce aussi bien que des idoles ou autres amulettes qu'ils retirent des tombeaux dont ils brûlent les corps pour s'éclairer dans la recherche qu'ils en font.

pittoresque de la position du soleil. Je suis autorisé
à parler ainsi , parce que le Cancer désignant le solstice
d'été, il se trouve dessiné sur le milieu des jambes
d'Isis, et placé près du buste. Ceci devient une démonstration, puisqu'Isis, ou la lune, prend son domicile dans le Cancer , et prouverait également que
les Egyptiens, par cette sculpture astronomique, auraient commencé la série des signes par le *Lion* , sous
lequel le Nil se mettait en mouvement pour déborder,
et qu'ils l'auraient terminée par le Cancer.

Les trente-six barques, conduites par différens génies symboliques, paraissent confirmer mon opinion,
puisqu'elles entourent la totalité des figures qui composent les deux tableaux ; d'ailleurs les mêmes barques
flottent sur Isis, la grande Déesse des Egyptiens , ou *la
Nature*, car son corps est couvert d'une robe mystérieuse ; cette robe dessine un fleuve considérable ,
dont les vagues sont formées de huit lignes en zig-zag,
comme faisaient les Egyptiens pour représenter l'eau.
La déesse, sur ses épaules, porte un scarabée, les
ailes éployées, et sa robe est ornée de fleurs de
lotus.

On ne peut établir que des conjectures sur ces
figures symboliques, mais il est au moins probable
que l'eau est ici l'élément qui joue le principal rôle.
On sait que la fortune publique des Egyptiens reposait sur les mouvemens périodiques du Nil, ce qui le
fit déifier : les Egyptiens rapportaient à l'eau l'origine
de tout sur la terre ; ils disaient que les dieux eux-mêmes
étaient nés du Nil, qu'ils appelaient *Océan*. Ils les

représentaient dans une barque, parcourant l'espace immense du fluide céleste, qu'ils qualifiaient de *Mer lumineuse*, épithète que lui donnait Ezéchiel; et ils figuraient Isis dans le ciel, assise au milieu d'une forêt de lotus, pour exprimer que son siége était dans l'eau, ou dans le signe des *Poissons*.

Sur les deux bandes du soffite, on voit distinctement les douze signes du zodiaque; celui du *Lion* y est sculpté dans une dimension plus forte que les autres. Par cette différence marquée et particulière aux Egyptiens, qui, parmi les diverses attributions de leurs divinités, exprimaient en peinture, comme en sculpture, la grandeur, la force, et la puissance, par des formes gigantesques; on en a des exemples dans leurs colosses, dans le Sphinx, dans la statue de Memnon, dans les douze figures qui portent le zodiaque circulaire, et dans les figures de la déesse Isis, des trois autres tableaux du même appartement. Il semblerait que l'on aurait voulu fixer ici l'attention, et peindre la présence du soleil dans le Lion, au solstice d'été; mais s'il en était ainsi, l'équinoxe du printemps s'établirait sous le règne du *Taureau*. Cette position solaire, si elle était exacte, reporterait la situation du ciel, qui est exprimée sur les deux soffites dont il s'agit, aux temps les plus reculés de l'Egypte, c'est-à-dire quelques siècles après le commencement du monde, ce qui est impossible. Je vois au contraire, comme le dit Dupuis, les constellations du *Belier* et de la *Balance* pour les deux équinoxes, et celles du *Cancer* et du *Capricorne* pour les deux solstices. La distinction accordée au *Lion* pourrait bien avoir pour but de désigner le gonflement du Nil, qui commençait à se manifester sous ce signe, et dont la retraite s'effectuait complètement sous la *Balance*, que l'on figurait sur les anciennes sphères par un homme debout, portant un vase sur la tête, qui, suivant le dire des Egyptiens, aurait contenu le surplus des eaux, quand le fleuve était rentré dans son lit.

Le signe de la Vierge, caractérisé par une femme debout, tenant à la main trois épis liés ensemble, existait dans la partie fracturée du bas-relief (dans la gravure de la commission, cette figure est indiquée par des hachures); celui de la balance le suit, et pour exprimer la présence du soleil dans ce signe, et son lever équinoxial, on a peint un cercle ou un disque, dans le milieu duquel on a placé un enfant assis sur le lotus. Suivant Plutarque (*de Iside*, pag. 355), cet emblême représentait le soleil levant, sortant du sein des eaux. Il est bon de remarquer cette figure, parce qu'elle reparaît sur le zodiaque circulaire dont il sera bientôt question ; les autres signes se suivent dans l'ordre voulu.

Je ferai observer seulement que le Sagittaire, tel qu'on le voit ici, sous la forme d'un *centaure*, c'est-à-dire d'un monstre moitié *homme* et moitié *cheval*, dont on a emprunté la composition du cheval céleste et du Verseau, qui marchent ensemble, pourrait bien appartenir à une sculpture postérieure à la première manière de dessiner le zodiaque, puisque sur les anciens planisphères égyptiens, ce signe est tout simplement désigné par une main armée d'une flèche : c'est de cette manière qu'on le voit paraître au nombre des hiéroglyphes. Sur quelques monumens plus anciens que celui-ci, le même signe est peint par un homme, avec la croupe d'un cheval, ayant par devant des jambes humaines; enfin dans d'autres, on a vu le même personnage avec les pieds fourchus d'un bouc.

Si j'ai parlé de ce premier zodiaque, c'est qu'il me paraît avoir du rapport avec le planisphère de l'intérieur du temple, qui se voit au Musée du roi. Comme on le verra, il en serait, en quelque sorte, le commencement, c'est-à-dire qu'il serait le développement de l'aspect du ciel et de la situation du sol de l'Egypte, sous le débordement du Nil; et par conséquent, ce serait une espèce d'introduction à l'année rurale qui se dessine en totalité sur le zodiaque circulaire. Il est bien naturel de voir, à l'entrée d'un temple dans lequel on célébrait les mystères et les principales fêtes de la religion, la peinture des phénomènes célestes et terrestres qui intéressaient un peuple agriculteur.

D'après ces observations préliminaires, nous ne pensons pas que la sculpture de ce tableau soit plus ancienne que celle de l'autre, et nous supposons que les deux tableaux ont été faits par les mêmes ouvriers, et à la même époque. Pour fixer notre jugement, nous nous appuyons sur le style du dessin, comme sur la nature de l'exécution ; c'est un point de discussion sur lequel nous reviendrons.

C'est ici, sans doute, qu'il conviendrait d'examiner l'explication de Dupuis, puisqu'on peut la considérer comme une démonstration complète ; il faut la lire, la gravure du plafond du portique à la main, et non pas devant le zodiaque circulaire , puisqu'il n'y a aucun rapport entre elle et le monument. Nous dirons si Dupuis s'est égaré en poussant trop loin son système : c'est l'erreur d'un homme de mérite, rempli de son sujet, et dont l'imagination s'est exaltée en pensant à ses nombreuses découvertes (1). Le réfuter est juste, mais le faire durement, et avec injure, c'est manquer à l'honneur, c'est battre son ennemi à terre. *Il est mort, laissons en paix sa cendre.* Je passe à l'examen du zodiaque circulaire.

----

(1) Voici un fait qu'il convient de rapporter. A la suite de son grand travail, Dupuis fut tellement fatigué que son esprit en éprouva une altération grave. Dans les accès de la maladie qui dura six semaines, il demandait son livre pour le brûler. Un de ses confrères de l'Institut, de concert avec sa femme, l'emporta, en fit par précaution une copie et le rendit. Mme. Dupuis, pour calmer son mari, lui dit que, suivant ses intentions, elle avait détruit l'ouvrage; mais M. Dupuis, après avoir recouvré la santé , eut la satisfaction de retrouver son manuscrit qu'il croyait perdu. L'ami obligeant laissa à Mme Dupuis l'honneur de la conservation de l'ouvrage de son mari, qui ne sut qu'après l'impression qu'il avait été copié dans l'intention de le satisfaire et de n'en point priver la postérité. Ceci explique l'épître dédicatoire, un peu ampoulée, que Dupuis adresse à sa femme à la tête de son livre ; elle n'était nullement lettrée.

EXAMEN DU ZODIAQUE CIRCULAIRE QUI EST AU MUSÉE DU ROI (1).

Le planisphère du temple de Denderah, comme les autres monumens égyptiens du même genre, est une espèce de calendrier sur lequel on a tracé au complet les signes du zodiaque, et quelques-unes des constellations extrazodiacales de la partie supérieure, en remontant vers le pôle. Ces figures, qui sont tracées au-dessous de la ligne du zodiaque, me paraissent indiquer le complément de l'année rurale, dont l'ouverture se faisait sous le signe du Taureau, et dont le Lion était censé le précurseur. Leur position, inverse à celle qu'ils présentent sur la ligne zodiacale, est en rapport avec le mouvement du soleil, qui, quand il est parvenu aux signes inférieurs, marche dans un sens opposé à celui qu'il observait auparavant. Enfin la dernière bande, je veux dire celle qui enveloppe toutes les autres figures, serait une peinture de l'année civile, c'est-à-dire des fêtes que les Egyptiens célébraient pendant le cours de l'année, pour implorer l'assistance des Dieux, ou pour les remercier des bienfaits qu'ils répandaient sur la terre.

Ces fêtes auraient été célébrées à quatre époques

---

(1) Dans l'explication que je vais donner du zodiaque, j'examinerai scrupuleusement les figures placées au-dessus et au-dessous de chaque signe, de manière à ce que l'on puisse les suivre sur le monument et sur la sphère avec laquelle elles sont en rapport.

de l'année soumise à l'influence du Belier, ou d'*Osiris Ammon*, qui est dessiné en tête de chaque division. On y voit les prêtres avec le chaperon hiéroglyphique, qu'ils portaient dans les fonctions religieuses, et représentant Osiris sous la figure de la constellation dans laquelle se trouvait le soleil à l'époque de la fête qui se célébrait. Ces constellations sont exprimées par des groupes d'étoiles diversement dessinés ; on aurait sculpté seulement les plus brillantes, pour éviter la confusion qui serait nécessairement résultée, si on les avait fait paraître toutes.

Les premiers agriculteurs, pour régler leurs opérations, n'eurent d'autres moyens que d'observer les étoiles dont les levers et les couchers précédaient de quelques jours le commencement de chaque saison ; c'est précisément ce que fait voir la dernière bande du tableau dont il s'agit. Le calendrier, chez les Egyptiens, était considéré comme sacré ; et les rois, lors de leur inauguration au trône, devaient prêter serment de fidélité aux lois, à la religion, et au peuple, sur le calendrier.

Les signes du zodiaque sont rangés ici dans l'ordre voulu, c'est-à-dire qu'il n'y a aucune différence entre un zodiaque grec, ou des temps plus modernes, et celui-ci, excepté cependant quelques constellations extrazodiacales qui paraissent sous d'autres figures sur la sphère grecque. Dans la forme des signes, comme dans la place qu'ils occupent, je ne vois rien qui puisse servir à faire reconnaître la position du soleil dans l'ouverture de sa marche annuelle, ni à déterminer l'époque où le monument a pu être fait. Je vois seulement que la sculpture est assez belle pour indiquer le second style de l'art. Cependant, au-dessus du Bélier, je vois un disque au milieu duquel se dessine un *œil ;* n'aurait-on pas voulu peindre la forme circulaire du soleil par ce disque, comme on a figuré Osiris, qui dirige et surveille tout sur la terre par un *œil ?*

Les Egyptiens représentaient Isis et Osiris par un *œil ;* ce symbole, mis au nombre des hiéroglyphes, est très-multiplié sur les monumens. Parmi les hiéroglyphes qui décorent les belles caisses de momies appartenant à M. Saulnier fils, l'œil y est dessiné plusieurs fois, et de deux manières (1) : on le

______

(1) Ces caisses, d'une richesse et d'un travail extraordinaires, sont en bois, recouvertes d'une toile fixée dessus et d'une pâte de céruse assez épaisse. Elles sont couvertes sur toutes les faces de caractères hiéroglyphiques d'une rare beauté, exécutés en relief avec un soin extrême. Chaque sujet présente la perfection d'un camée. La finesse et la précision du dessin me font présumer que les Égyptiens avaient des matrices en métal de ces différens caractères, dont ils se servaient comme autant de cachets, pour en tirer les figures au moment où la pâte se trouvait à demi–sèche. Le tout est peint, doré et verni avec tant de perfection, que l'imitation des pierres précieuses qui décorent les vêtemens des figures fait illusion. Je n'ai jamais rien vu de plus beau dans ce genre là ; elles sont brillantes et conservées comme si elles venaient d'être faites. Il y a de ces caisses qui sont recouvertes par trois autres coffres également peints et ornés d'hiéroglyphes. Ces tombeaux devaient coûter une somme considérable.

voit ailé ; c'est l'œil d'Osiris. Les ailes sont étendues et immenses pour sa grandeur ; ceci peut signifier que Dieu voit tout, et que son regard pénétrant se porte en un instant du ciel à la terre, et de la terre au ciel. L'œil d'Isis y paraît également ailé ; cette fois, les ailes sont baissées au lieu d'être horizontales, comme dans le précédent symbole ; c'est-à-dire que la déesse est sur la terre, et au repos : sa bienveillance est exprimée par un bras tendu, il est appuyé de l'œil, et ce bras est celui d'une femme : la délicatesse de la forme le fait assez connaître, ainsi que le bracelet qui se voit au poignet. Cet emblème ingénieux me paraît être l'expression des principales qualités de la déesse Isis, surveillance et protection. Suivant Diodore de Sicile, l'œil exprime *un observateur de la justice, et tout ce qui défend le corps.* Horus-Apollon a dit : *l'œil désigne la divinité, parce qu'elle voit tout.*

Osiris, considéré comme le roi du ciel et de la terre, est l'image du soleil. Je puis donc supposer que le cercle dont il s'agit a été tracé pour figurer le lever du soleil à l'équinoxe du printemps ; s'il en est ainsi, ce lever aurait eu lieu sous le signe du *Bélier*. Les Egyptiens célébraient ce jour - là une fête en l'honneur d'*Ammon ,* ou du *Soleil d'Aries.* Un semblable disque se présente au - dessus de la *Balance ;* mais au lieu d'un œil, on y voit un enfant assis sur le lotus. Si, comme je l'ai précédemment dit, cette figure hiéroglyphique peignait aux Egyptiens le lever du soleil, elle pourrait bien exprimer aussi qu'en siégeant dans ce signe après avoir quitté la Vierge, il dégénère et retourne à son premier état, celui de l'enfance. Voilà donc deux points essentiels qui sont fixés par le même emblême, l'équinoxe du printemps et celui d'automne. D'après cela, les solstices d'été et d'hiver seront nécessairement l'un dans le *Cancer*, et l'autre dans le *Capricorne*.

On remarquera que les figures du *Taureau* et du *Lion* sont plus développées et plus fortes que les autres, que les *Gémeaux* et la *Vierge* s'éloignent un peu de la ligne zodiacale, et qu'ils sont dans une plus petite proportion. Ceci peut avoir rapport à l'année rurale des Egyptiens, dont la représentation me paraît être le principal but du monument. Pour désigner que l'intumescence du Nil commençait à se manifester sous le signe du Lion, on a posé le roi des animaux sur un serpent; le serpent, mis au rang des hiéroglyphes, était l'image d'un fleuve, ou du Nil.

Si je suis la position astronomique que je propose à mes lecteurs, je vois au-dessus du Bélier, perpendiculairement à l'œil, et au côté opposé du Taureau, un groupe remarquable qui se présente comme la démonstration du fait; il se compose d'un cheval et d'un lion; le lion regarde l'occident, et le cheval l'orient. En effet, lorsqu'à son lever le soleil a fait quelques pas dans le Bélier, le cheval céleste se montre à l'orient, tandis que le Lion se place à l'occident; et ce lever est fixé par la présence de l'épervier symbolique que l'on aperçoit au-dessus du groupe, et qui, au dire de Clément d'Alexandrie, désignait l'é-

quinoxe de printemps. Si ensuite je regarde les deux autres figures en suivant la même direction vers le pôle, ce sera pour moi une seconde démonstration. On voit donc un porc debout, armé d'une *harpé*, et la cuisse d'une bête fauve. Ces figures sont celles de la grande Ourse, appelée le *Sanglier*, ou le *Chien de Typhon*, le meurtrier d'Osiris et d'Adonis, et la jambe de Cassiopée, nommée aussi la *Biche*. Ces constellations, placées au-dessus du Bélier, montent avec lui.

Au-dessus du Taureau, je vois un homme tenant un instrument aratoire à la main, qui pourrait bien désigner le labourage, ou la constellation du Charetier figurée sur les planisphères plus modernes que celui-ci, par un homme portant une chèvre sur le dos, appelée aussi les *Chevraux*, ou la *Bonne Déesse*. Rien ne se présente au-dessus des *Gémeaux*, du *Cancer* et du *Lion;* il n'y a effectivement au ciel, au-dessus de ces trois signes, que la grande Ourse. Au-dessus de la *Vierge*, on voit le Bootès, ou le Bouvier, tenant à la main un bâton recourbé. La *Balance*, comme je l'ai fait remarquer, est surmontée du disque du soleil; vers l'extrémité du fleau de la Balance, au-dessus de la première serre du *Scorpion*, se dessine une figure assise, dont le visage est couvert d'un masque figurant un oiseau, et dont la tête est ornée du disque du soleil; cette figure est celle d'Ophiucus. Dans cette position, le soleil couvre effectivement le Scorpion, et une partie de la Balance : le Serpentaire touche au premier signe. L'oiseau, dont il emprunte la tête, est la constellation du Vautour , ou de *Chelys*, qui plane au-dessus de lui. Le disque solaire est groupé du serpent Agathodœmon, et le personnage tient à la main le tau mystérieux, plus connu sous le nom de *clé du Nil*. Ceci indiquerait donc que le Nil est rentré dans son lit, et que le dieu Osiris, remplacé par cette figure symbolique, en retient les eaux. Derrière lui, un peu au-dessus du *Sagittaire*, on voit un homme debout, tenant à la main une règle : il pourrait se faire que ce fût une répétition du même dieu, qui était censé mesurer les eaux du fleuve, et sur la tête duquel les Egyptiens plaçaient un vase.

L'oiseau qui se dessine au-dessus du Sagittaire, est la constellation de l'Aigle : le même Osiris, à tête d'épervier, reparaît au-dessus du Capricorne ; il est accompagné de deux oiseaux. Il est de fait que la constellation du Cygne se déploie en totalité : au-dessus du Capricorne, et au-dessous, on aperçoit une portion de celle de l'Aigle. Comme on le voit, ce faisceau d'astérismes ainsi réunis sur le zodiaque circulaire de Denderah , concourent à fixer le passage du point du *solstice d'hiver* par le méridien supérieur, comme l'a remarqué Dupuis en parlant des deux sof-fites du portique. Le Sagittaire a cela de particulier, qu'il a des ailes , ce qui ne se voit point ailleurs.

Le *Verseau* est figuré par un homme debout, tenant deux espèces d'*amphores*, d'où l'eau coule abondamment au bas; on voit, comme sur la sphère, le poisson méridional , ou *Dagon* , le dieu des Syriens. Au-dessus, se présente une portion du cheval, désigné par les

noms de *cheval sacré* et de *Pégase*. On l'a figuré ici sans
tête, tandis que sur les sphères il est sans croupe.
Derrière, entre le Verseau et le signe des poissons, on
a peint un homme aussi debout avec deux têtes. Ce
Janus égyptien est l'image emblématique de la jeunesse et de la vieillesse du temps; il indiquait le terme
de la révolution d'un solstice à l'autre.

Les *Poissons* parfaitement dessinés sur notre zodiaque, sont accompagnés d'un tableau carré long, dans lequel l'eau est caractérisée par trois lignes en zig zag.
Au-dessus, on voit un homme tenant une biche; cet
homme pourrait bien être Céphée ou Régulus, qui se
groupe avec Cassiopée, que l'on représentait sous la
forme d'une biche, parce que l'un et l'autre montent
avec les Poissons à l'orient, et qu'ils sont placés au-
dessus d'eux.

Voilà le complément du tableau le plus considérable du zodiaque de Denderah, et si on veut avoir la
confirmation de ce que j'ai dit, il suffira de prendre
la sphère et d'en comparer les figures avec la belle
gravure de la commission d'Égypte, ou avec le monument lui-même, en commençant l'ordre des signes
par le Bélier. Pour plus de renseignemens sur la position astronomique des signes, il faut lire cette partie
de la dissertation de Dupuis, elle est appliquable au
zodiaque circulaire. Je vais examiner, maintenant, les
figures qui sont sculptées au-dessous de ce premier
tableau; selon moi elles ont rapport à l'*année rurale*
des Égyptiens.

Année Rurale.

Les Égyptiens, entre autres formes d'années, en avaient deux : l'année ordinaire ou civile, et une autre entièrement relative aux travaux de la campagne, que, pour cette raison, on appelait *rurale*. Elle ne se composait que de trois saisons ; celle de l'*inondation*, celle des *labours* et celle des *moissons*. Le Nil se déborde en *juillet*, on laboure en *novembre*, on récolte en *mars*. Ainsi le cultivateur égyptien laboure, recueille et se repose, et ces intervalles sont fixés par la nature même, à une durée de quatre mois chacune ; ce qui forme l'année complète qu'ils divisaient, comme je viens de le dire, en *trois* saisons au lieu de quatre.

L'année rurale des Égyptiens, basée d'après les calculs des premiers astronomes, commençait en *novembre*, sous le signe du *Taureau*, quoique le commencement de l'année civile, dans la suite, fût fixé à l'équinoxe d'automne ; ce qui correspond au 28 ou au 29 d'*août* de l'année julienne, instituée à Rome par Jules-César, après la bataille de Pharsale. C'est donc sous le signe emblématique du Taureau, que le Bœuf traçait un léger sillon dans le sol d'Égypte, après la retraite des eaux du Nil.

Les constellations extrazodiacales qui se levaient ou se couchaient lorsque le soleil, par sa position, fixait son entrée dans l'un des signes qui ouvrait chacune des époques dont il s'agit, sont figurées sur le monument, au-dessous du premier tableau, l'un au-dessous du Cancer, et l'autre au-dessous de la Balance.

La première époque de l'année rurale est désignée ici par le *Lion*, dont les pattes de devant sont posées sur un tableau carré dans lequel on a figuré de l'eau, suivant la manière adoptée des Égyptiens; c'est donc le débordement que l'on a eu l'intention de figurer.

L'ouverture de la seconde époque, ou du labourage, avait lieu sous le Taureau, et l'entrée du soleil dans ce signe est exprimée par une belle étoile, que l'on a figurée ici sous les traits d'un homme tenant à la main l'arme dont on se sert pour activer la marche du Taureau. On donnait le nom d'*Arator* à cet homme, le directeur du labourage; ce qui m'autorise à dire que c'est Osiris, lui-même, qui enseigna l'agriculture aux Égyptiens, et que l'on a peint dans cette posture. On le représente aussi, tenant un fouet. Le Nil est rentré dans son lit, et l'année rurale commence au lever du soleil; c'est ce que l'on a exprimé par un épervier mitré, comme l'est Osiris quand il est remplacé par ses prêtres. Son lever et la retraite des eaux est exprimée par la fleur et la tige de Lotus, sur laquelle il est posé.

Le Taureau et le Lion sont dessinés ici en sens inverse de la position qu'ils tiennent dans le zodiaque, sans doute pour exprimer le mouvement rétrograde que fait le soleil après avoir franchi la barrière de l'équinoxe d'automne.

La troisième époque, ou celle des récoltes, était fixée dans le signe de la *Vierge* ou de la *Moissonneuse* par l'arrivée du soleil, quatre mois après que la terre avait été ensemencée. L'étoile qui se couchait alors au-dessus de la Vierge, est la plus marquante constellation du Bouvier, désignée également par le nom de *Bootès*. On la dessinait aussi sous la figure d'un laboureur, et on remarquera que l'auteur du zodiaque de Denderah a eu l'intention de la distinguer des autres, en lui plaçant une étoile sur la tête. Un oiseau se dessine aux pieds de la Vierge, tel qu'il est figuré sur la sphère: cet oiseau est le *Corbeau d'Apollon*, qui se lève et se couche avec elle. La figure de femme tirant de l'arc, pourrait bien être Isis, sous les traits et dans l'action de Diane, dont on avait fixé le domicile dans le Sagittaire. L'étoile que l'on remarque sur la tête du Taureau au milieu de ses cornes, c'est Vénus, la plus belle étoile du ciel, qui était connue en Égypte sous le nom d'*astre d'Isis*. Le temple de Denderah pourrait bien avoir été consacré à Vénus ; car, suivant Horus-Apollon (liv. 17, pag. 815), cette déesse avait un temple à Tentyra.

Le repos qui avait lieu après les travaux de la campagne est fort bien exprimé ici, puisqu'à partir du Taureau, en poursuivant la même ligne, jusqu'au Lion, le champ est nu, et que l'on n'a pas dessiné une seule constellation, ni une seule figure.

La tête et l'extrémité de l'année rurale sont indiquées sur le monument, par un petit groupe d'hiéroglyphes, placé de droite et de gauche de la bande extérieure ; je veux dire dans le champ qui règne entre les bras des quatre figures de femmes, et de ceux des hommes à tête d'épervier, et agenouillés, qui portent le planisphère. Quelques savans ont pensé que ce pou-

(24)

vait être l'indication des points équinoxiaux ou solsti-
ciaux. M. Saint-Martin, qui a écrit sur le zodiaque de
Denderah, n'admet pas la proposition. Sans être précisément l'indication que l'on a cru y voir, ils sont cependant en rapport avec ces différens points du zodiaque. On remarquera que ces petits groupes se composent de plantes aquatiques, d'un fruit de lotus dont
on faisait du pain et d'une palme; on sait que ces plantes
désignent l'intumescence du Nil, aussi bien que l'a-
bondance qui résulte du phénomène quand le fleuve
monte à la hauteur désirée des Egyptiens. Celui que
l'on voit à la gauche du monument et à la droite du
spectateur, se trouve en ligne avec le grand agriculteur,
Osiris lui-même, qui se met en marche, qui indique
l'ouverture des travaux par le mouvement de son sceptre qu'il porte devant lui, et le soc d'une charrue qu'il
tient sous son bras. Cette figure remarquable précède
le bœuf Apis, sous l'influence duquel commençait l'année rurale. Précisément au-dessous, dans la dernière
bande, on voit un serpent mître posé sur un autel: c'est
une des figures symboliques du Nil.

Le petit groupe semblable à celui-ci, qui lui est opposé, correspond au commencement du scorpion,
signe sous lequel le Nil retiré, laissait les terres libres.
Au-dessous, se voit un buste radié du bélier qui est
assis sur un autel. Le *bélier* annonçait aux Egyptiens
la fin du jour, quand le *taureau* se couchait. Ce qu'il
y a de plus remarquable encore, c'est que si l'on tire
une ligne du *bélier* équinoxial à la *balance*, autre point
équinoxial, et du *cancer* au *capricorne*, où se placent

alors les solstices, et si on en tire un autre des deux petits groupes hiéroglyphiques, dont il est question ; au point de centre elle se réunira au point central des deux autres lignes, c'est-à-dire au méridien supérieur. Et si en examinant ce point, on porte ses regards au ciel, on verra se dessiner, comme sur le zodiaque circulaire de Denderah, d'un côté, la *grande ourse* avec le *renard*, et de l'autre le *bootès* tenant un bâton d'une main et une faucile de l'autre. D'après cette seconde preuve, je pense qu'il est démontré que le zodiaque de Denderah nous présente les équinoxes vers le milieu du *bélier* et de la *balance*, et les deux solstices au milieu du *cancer* et du *capricorne*.

Enfin, comme on le voit sur le monument, les travaux de la campagne auraient commencé en Égypte, sous le signe du Taureau, immédiatement après le débordement, dont les premiers mouvemens se manifestaient sous celui du Lion ; et pour mieux faire connaître le moment où ces travaux devaient s'entreprendre, on a peint à la suite du Lion et près de la Vierge, un homme ayant une tête de bœuf, et tenant dans ses mains une charrue. Plus loin, Isis ou la *Moissonneuse* est figurée assise, tenant sur ses genoux un enfant qui est debout. On le représentait aussi dans les bras d'Isis, qui lui présente la mamelle en souriant. Ce groupe remarquable fixe le solstice d'hiver, dont on célébrait la fête en Égypte, en décembre, sous le nom de *naissance d'Horus et couches d'Isis.*

Autour de l'ensemble général du zodiaque, est une

espèce de bandeau circulaire orné de caractères hiéroglyphiques, que je considère comme une répétition
en diminutif ou comme un abrégé des autres symboles. Entre autres emblèmes, on voit *l'eau*, *l'œil*, *la
charrue*, *le serpent*, *le vautour et l'épervier*, qui sont
les attributs ordinaires d'Isis et d'Osiris. Cette bande
est interrompue, de distance en distance, par quatre
femmes ou prêtresses, représentant Isis, et par huit
génies mâles à genoux et à tête d'épervier, qui portent
sur leurs mains la totalité du zodiaque. Ces figures
colossales pourraient bien être l'emblême des génies
protecteurs de chaque mois de l'année, dont huit seraient sous la puissance d'Osiris, et les autres sous
celle d'Isis, qui était censée régir l'univers pendant
l'absence de son époux. On sait que l'homme à tête
d'aigle ou d'épervier, est une image du roi du ciel
et l'emblême des levers du soleil. On se rappelera
encore que les Grecs, à l'imitation des Egyptiens, ont
supposé qu'Atlas, auquel ils donnaient les formes et
tous les caractères d'un Hercule, portait le ciel sur
ses épaules, et qu'il soutenait l'axe du monde de ses
mains et de sa tête. Par cette fable, les mythologues
grecs n'ont eu d'autre intention que celle de la peinture du soleil, fixé dans une constellation voisine du
pôle; et le Bouvier, qui se groupe avec la constellation caractérisée par le nom d'*Hercule*, en était alors
très-peu éloigné.

Selon les apparences, le plafond dans lequel
le zodiaque circulaire se trouvait encadré était
revêtu de peintures, comme l'étaient les deux soffites

du portique, sur lesquels on en trouve encore des traces ; mais la fumée des torches les a fait disparaître : le fond du ciel aurait été peint en bleu d'azur, les étoiles en blanc, les planètes en jaune, les figures couleur de chair, et leurs vêtemens en rouge et en blanc. Le plafond, dans son ensemble, était composé de trois parties bien distinctes, nous dit M. Saulnier fils, dans la relation du *Voyage en Egypte* de M. Lorrain, qu'il a fait imprimer : l'un des côtés était occupé par le zodiaque, l'autre par une scène astronomique de la même dimension, et le centre par une figure d'Isis qui s'étend dans toute la longueur du plafond, qu'elle partage en deux parties égales ; sa tête est tournée vers l'extrémité de la salle : *c'est un des plus beaux morceaux de sculpture égyptienne que nous ayons trouvés*, disent MM. Jollois et Devillers, chargés de la rédaction de cette partie du voyage de la commission (tom. III, pag. 491, édit. de Panckoucke. *Voyez* également la gravure, Atlas de l'ouv.). (1)

Les autres parties du plafond ne sont pas moins

---

(1) On a critiqué sans mesure l'irrégularité des dessins de la commission et ceux de M. Denon qui, le premier, a fait paraître les gravures des monumens de la haute et de la basse Égypte qui nous étaient inconnus, et une description de son voyage. L'omission de quelques petites figures ou de quelques traits que l'on reproche à l'un et à l'autre, eu égard à l'ensemble du zodiaque circulaire, est peu de chose et ne gêne en rien l'explication. Il

curieuses que la première; M. Denon, qui les a dessinées et gravées dans son *Voyage d'Egypte*, m'a mis à même d'en dire un mot qui ne sera pas déplacé ici. A la droite du zodiaque, on voit un tableau sur lequel, selon les apparences, on a voulu peindre l'inondation complète à laquelle préside Isis. Son corps est courbé, de manière que ses bras pendans dans toute leur longueur, et les mains ouvertes, se trouvent sur la ligne des pieds qui posent sur la base du tableau. Dans l'espace que produit l'attitude extraordinaire d'Isis, on a dessiné *quatorze barques* pour rappeler aux Egyptiens que *quatorze coudées* sont la hauteur à laquelle doit monter le Nil pour féconder convenablement les terres, favoriser les semailles, et produire une récolte abondante.

Dans le troisième, la déesse est figurée trois fois dans la même posture; et dans la surface du tableau,

---

faut admirer le zèle et la constance courageuse que ces artistes français très-distingués ont mis à vaincre d'abord les difficultés qui se sont présentées pour arriver jusqu'au temple; puis, celle de dessiner, dans une posture gênante et en y voyant à peine, un monument aussi compliqué, noirci par la fumée des flambeaux et de la résine enflammée dont on se servait dans les cérémonies qui se célébraient dans le temple. Je ne parle point des feux qu'y faisaient les Anachorètes qui se sont réfugiés dans la Thébaïde, dans les premiers temps du christianisme. Partout ils ont laissé des traces de leur présence, par des mutilations irréfléchies; le zodiaque que nous possédons n'en offre heureusement qu'un faible exemple.

que la dernière laisse libre, pour exprimer que le fleuve bienfaisant est rentré dans son lit, on a peint trois figures d'hommes, portant chacun une barque qu'ils lèvent au-dessus de leur tête; au bas des mains de la plus grande, on voit une petite figure d'homme ayant une tête d'épervier qui remplace la constellation de l'Aigle, que le soleil couvrait alors en quittant Ophiucus, le *Sérapis* égyptien, pour arriver au Sagittaire; c'était l'époque où commençait le labourage.

Enfin, le quatrième tableau est le complément de ceux qui décorent cette salle; il se trouve placé à la suite du grand zodiaque circulaire : ici, l'empire que la déesse exerce sur toute la nature, est exprimé d'une façon bizarre; elle est renversée comme les autres, mais dans le vide que produit le contour que fait son corps, on la voit reparaître sous les traits d'une autre femme couchée par terre, qui a les jambes retroussées par-dessus la tête, comme pour faire un tour de force. Ses deux bras sont étendus sur la même ligne, et forment la base du tableau : de chaque main, elle tient un disque qui renferme une figure, l'une à tête d'*homme*, et l'autre à tête d'*épervier*. Ces deux figures symboliques indiquent, selon moi, le lever du soleil aux équinoxes de printemps et d'automne, ainsi qu'on l'a vu sur le zodiaque circulaire. Du milieu de son corps, partent une grande quantité de rayons dont les intervalles sont remplis par des hiéroglyphes. Cette peinture exprime assez l'opinion que les Egyptiens avaient de leur déesse

Isis, les fonctions qu'ils lui supposaient, et les attributions qu'ils lui accordaient, pour qu'il soit nécessaire d'en parler plus longuement. J'ajouterai que
le zodiaque circulaire est entouré d'une bordure formée par des lignes en zig-zag, pour peindre sans
doute le fluide qui, selon eux, était suspendu dans
l'air, et se plaçait entre le ciel et la terre. L'eau, dit
Isidore, dans son livre *des Origines*, tempère la nature du ciel, fertilise la terre, l'imprègne de vapeur et
de rosée; l'eau monte vers le ciel, et en redescend
sur la terre où elle entretient la végétation des plantes,
des arbres et des moissons; c'est cette circulation de
l'eau qui se suspend sur nos têtes en nuages, qui se
condense ou se raréfie dans l'air, où elle entretient une
fraîcheur salutaire, qui ensuite se refond en pluie. L'a-
doration des élémens, et principalement de l'eau, était
la base du culte égyptien.

Ainsi la réunion des plafonds qui ornent le grand
temple de Vénus à Denderah, peut se considérer comme
un CALENDRIER complet, sur lequel on aurait tracé l'é-
tat du ciel, tel qu'il se présentait aux Egyptiens à l'é-
poque de l'*inondation*, à celle des *labours* et à celle des
récoltes ; ainsi que les figures des constellations, sous
l'influence desquelles les mystères sacrés et les cérémonies religieuses auraient été célébrées, pour rendre
grâces aux dieux. Ces fêtes auraient eu pour but d'ap-
prendre aux hommes *à subsister, à régler leur travail,
à vivre en paix et à espérer, en honorant les dieux, un
meilleur avenir.*

SECONDE PARTIE.

Dans la première partie, j'ai décrit les figures du zodiaque circulaire de Denderah, telles qu'elles se présentent à la vue. Je les ai comparées à celles de la sphère avec lesquelles je les ai mises en rapport, en supposant que le soleil se plaçait alors dans le signe du *bélier* à l'équinoxe du printemps, dans celui de la *balance* en automne, et dans ceux du *cancer* et du *capricorne* pour les solstices. J'ai considéré ces mêmes figures comme les signes indicateurs de la grande révolution du Nil, dont ils auraient fait connaître, au premier coup-d'œil, l'époque de son gonflement et celle de sa retraite; elles auraient également indiqué aux Egyptiens le jour et l'heure où ils devaient commencer le *labourage*, les *semailles* et la *récolte*, ainsi que les jours où ils devaient se rendre au temple pour remercier les dieux bienfaisans et protecteurs de l'Egypte. Je puis donc considérer les zodiaques égyptiens, et particulièrement celui-ci, comme un *calendrier perpétuel*, c'est-à-dire que par l'indication des phénomènes célestes, on aurait mis la terre en rapport avec les cieux.

Les Egyptiens ne sont pas les seuls qui aient figuré le zodiaque à l'entrée ou dans l'intérieur des temples: les Grecs, et des peuples beaucoup plus modernes qu'eux, l'ont fait; ce sera le sujet d'une troisième partie. Dans celle-ci, j'essayerai de fixer l'antiquité du zodiaque circulaire de Denderah, ce qui a donné lieu à de grandes discussions.

§. 1er. Le zodiaque de Denderah est de la plus haute antiquité, tout le monde est d'accord sur ce point; mais la grande difficulté est de fixer précisément l'époque de son exécution : le monument que nous avons maintenant sous les yeux doit servir à la déterminer.

Lorsque le dessin du soffite de l'entrée du temple parut pour la première fois à Paris, il fut le sujet d'une grande discussion entre nos savans les plus célèbres; les nommer, est sans doute signaler la témérité de mon entreprise; mais je le dois à la science et à leur illustre mémoire (1). L'antiquité de ce zodiaque, que les uns font remonter aux premiers temps de l'Egypte, est contestée par les autres. Je n'entrerai point dans des discussions astronomiques, parce que je n'ai pas la connaissance de cette science, comme pouvaient l'avoir MM. De Lalande et Dupuis; je me bornerai à quelques observations simples et à l'examen de la sculpture, qui peut seule servir de guide sur ce point.

La présence d'une *balance* mise au nombre des signes, fut le principal motif de la difficulté qui se présentait. On a dit : la figure d'une balance, dans le zodiaque,

---

(1) Ces savans sont MM. Larcher, Visconti, Delalande, Dupuis et Denon, tous membres de l'Institut; et parmi les savans étrangers, on cite M. l'abbé Testa. Il faut lire les différens mémoires que ces messieurs ont fait imprimer à ce sujet; depuis, M. de Saint-Martin, membre de l'Institut, et M. l'abbé Halma, chanoine honoraire de Notre-Dame, ont publié des mémoires sur le zodiaque de Denderah.

ne date que du commencement de notre ère , c'est-à-dire vers les règnes d'Auguste ou de Tibère. D'autres soutenaient, au contraire , que les disciples de Zoroastre , dont la doctrine remonte à la plus haute antiquité, parlent de la *balance* comme du signe sous lequel le mal s'introduisait dans l'univers. Fermicus, qui nous a conservé le dépôt de l'astrologie, et qui avait écrit d'après d'anciens ouvrages égyptiens , attribués à Pétoscris , en parlant du zodiaque fait mention de la balance.

Quoi qu'il en soit, il serait possible que les plafonds du temple de Denderah ne datassent que des premières époques de notre ère, comme on l'a dit. Mais cette supposition, fondée seulement sur la figure ou la forme d'un signe dont on conteste l'antiquité , n'est pas suffisante ; elle n'est même plus admissible depuis que le monument est venu se placer sous nos yeux. Il y a ici deux questions à éclaircir. La première consiste à savoir, si la figure dont il s'agit ne se montre en Égypte que sur les monumens que l'on suppose avoir été faits par des Grecs ? La seconde est de savoir si la présence de cette figure serait un motif suffisant pour affirmer que l'exécution du zodiaque de Denderah ne date que du règne d'Auguste ?

On pourrait opposer à la première question, une grande quantité de monumens égyptiens sur lesquels la Balance se trouve sculptée, peinte ou dessinée. Elle figure plusieurs fois dans le tombeau des rois, à Thèbes, soit en sculpture ou en peinture. Elle paraît sur plusieurs papyrus enlevés des coffres de momies qui reposaient dans la sépulture même ; je les ai eu dans les mains et j'en ai les copies. M. Denon en a gravé un dans son grand ouvrage, qu'il a découvert dans le même lieu, sur le corps d'une femme ; la Balance s'y trouve parfaitement dessinée, comme sur les autres. Dans la précieuse collection de M. Dethna, fils du vice-consul d'Alexandrie, (1) on voit plus de vingt tableaux en pierre calcaire, sculptés en relief ou gravés en creux, sur lesquels la Balance se fait remarquer. Mais on dira : il n'est question ici que de la Balance, mise au nombre des signes du zodiaque. Je répondrai : c'est la même chose, parce que cette figure, considérée hiéroglyphiquement, désigne *l'équinoxe d'automne* sur tous les monumens où je l'ai vue ; elle n'est pas l'indication du commerce, comme on a pu le supposer.

D'après la grande quantité de monumens égyptiens qui placent l'ouverture du printemps sous la puissance du *Belier*, c'est-à-dire depuis le déluge d'Ogygès, jusqu'au règne d'Acoris, l'un des derniers rois d'Égypte, ce qui produit un intervalle de 2,160 ans ; on peut en conclure que le temple et les zodiaques de Denderah auraient été construits et sculptés pendant cet espace de temps ; mais en fixer précisément l'époque me paraît difficile. Si, au contraire, on porte l'exécution de ces monumens au temps d'Auguste, l'équinoxe du

____

(1) M. Dethna a rapporté, de son dernier voyage d'Egypte, une quantité d'idoles, de bas-reliefs, de bustes et d'ustensiles propres aux usages domestiques, qui sont du plus grand intérêt pour ceux qui s'occupent des antiquités.

printemps s'établirait à la tête des *Poissons*, et celle de l'automne à l'extrémité des pieds de la *Vierge*. Voilà ce que produit la précession des équinoxes. En supposant même que la figure d'une Balance dans le zodiaque ne soit qu'une invention des flatteurs d'Auguste, par allusion à la justice de ce prince, comme on s'en est autorisé pour fixer l'antiquité du soffite du portique du temple de Denderah (il n'était pas question alors du zodiaque circulaire); cette supposition ne peut fixer au même temps l'exécution des autres monumens dont je viens de parler, à moins qu'on ne dise aussi qu'eux et les momies sont de la même époque, ce qui ne paraît pas probable.

Quant à la seconde question, le dessin et le style qu'on a suivis dans le placement des signes, dans la composition des figures, peuvent seuls en fixer l'époque, même en admettant que l'antiquité du zodiaque de Denderah ne remonte pas au-delà du temps que lui assignent les écrivains qui sont en opposition avec Dupuis, je ne vois pas que cela détruise l'ancienneté de l'emploi de la Balance, pour désigner l'équinoxe d'automne, puisque les monumens en font foi. On ne pourra également se refuser à reconnaître, au nombre des divisions zodiacales, la *Case* ou la maison du soleil, où se trouve la Balance, même en supposant que cette figure soit moderne; et je ne doute pas que les hommes les plus acharnés à leur système ne conviennent que cette case a pu être remplie dans des temps antérieurs par une figure autre que celle-ci, qui aurait exprimé la même chose, comme on en a des exemples dans quelques planis-

phères égyptiens, sur lesquels on a peint un homme
debout, ayant une haste ou une *règle* à la main, et le
modius sur la tête, et cet homme est Osiris lui-même,
sous les traits de Sérapis. Il est là pour peindre le passage du soleil dans les signes inférieurs, l'égalité des
jours et des nuits, ainsi que la retraite des eaux du
Nil, exprimées par la règle et le vase qu'on lui donne
pour attributs : c'est aussi ce que désigne la Balance.
(1) Enfin on remarquera encore sur le soffite du grand
temple de Denderah, que le *Cancer* est figuré dans les
deux lignes, à la tête des signes descendans, et à la fin
des signes ascendans; ce qui prouve que le *solstice d'été*
était vers le milieu du Cancer, ce qui reporte, comme
je l'ai déjà dit, l'*équinoxe du printemps* au règne d'*Ariès*
ou du Belier. Il est dans la même direction sur le zodiaque circulaire.

Si, d'après cette position astronomique, on consulte
l'histoire, ce point nous portera, après le siège de
Troie, au temps, par exemple, où régnait Bocchoris,
premier roi de la vingt-quatrième dynastie, connu
sous le nom de Saïtes. Ce prince, célèbre en juris-
prudence, vivait 771 ans avant l'ère chrétienne, l'an
3,233 du monde. Asarias gouvernait alors le royaume
de Juda. Voilà donc l'époque astronomique fixée.

---

(1) Sur ce point important, voyez ce qu'en a dit M. Saint-
Martin, dans l'excellente explication qu'il a donnée du zodiaque de
Denderah, page 29 et suivantes. (*Notice sur le Zodiaque de
Denderah*, par M. L. Saint-Martin, etc., Paris, 1822, chez
Delaunay, au Palais-Royal, etc.).

« Il suffit de jeter un coup-d'œil sur les caractères
» hiéroglyphiques dont ce monument est couvert, a
» dit Dupuis, pour s'apercevoir qu'il ne peut être l'ou-
» vrage des Grecs, qui ne possédaient pas la science
» des hiéroglyphes, qui ne les entendaient pas, et qui
» ne furent jamais assez instruits pour rédiger un ca-
» lendrier aussi composé, et qui a tous les caractères
» de la science sacrée dont les prêtres égyptiens seuls
» étaient dépositaires. » Ce que dit Dupuis, dans la
circonstance, n'est pas sans réplique ; car s'il était vrai
que le zodiaque circulaire ait été travaillé par un grec,
il n'y a aucun doute que ce sculpteur, en travaillant à la
décoration d'un temple égyptien, ne se soit confor-
mé aux opinions reçues dans le pays sur les principales
divisions et les images du zodiaque, parce qu'elles ap-
partenaient à la religion ; qu'alors il aurait copié stric-
tement le modèle qui lui aurait été communiqué par
un prêtre ou un astronome égyptien. Examinons maintenant la sculpture du monument.

§. II. Les sculptures du temple de Denderah ne da-
tent point du commencement de l'ère chrétienne,
comme on l'a dit ; elles ne sont pas l'ouvrage d'un grec.
Le style, le dessin et l'exécution montrent évidemment
le second style de l'art égyptien. Je divise l'art égyptien
en trois styles. Le premier consiste dans des figures composées de lignes simples ou de lignes droites, sans mouvement dans les attitudes, et dont les membres tiennent
au corps ; dans des yeux alongés, aplatis, formés en
amande et dessinés de face pour les têtes de profil, ce
qui a fait supposer qu'ils étaient fermés ; d'autres, pour

exprimer cette difformité , se sont servis du mot latin *nictare,* cligner.

Si l'inventeur Dédale passa de la Grèce en Égypte , comme l'histoire nous l'apprend , pour travailler au labyrinthe, et au temple que Ménès éleva à Vulcain, dont il fit la statue vers l'an 1816 avant notre ère ; on peut le considérer comme le premier qui aurait enseigné aux Égyptiens à tirer, des belles matières du pays, des statues avec des bras et des jambes , art qu'il avait également appris aux Grecs ; car avant lui les idoles des dieux se composaient d'une seule masse carrée et en gaine de pierre , d'argile ou de bois seulement surmontée d'une tête avec le dessin du sexe au milieu. Bacchus fut révéré sous la forme d'une colonne, l'Amour et les Graces ne furent représentés que par des pierres. Les Égyptiens seraient donc redevables du premier style à Dédale, puisqu'avant lui il n'y avait point d'art. Cependant Socrate, en rapportant le jugement des sculpteurs de son temps, nous donne une idée de la manière de cet ancien artiste. Si Dédale, dit-il, revenait au monde , et qu'il fît des ouvrages semblables à ceux qui passent pour être de lui , il se rendrait ridicule au jugement de nos statuaires. (1)

On voit au Musée du roi plusieurs statues égyptiennes du premier style. On remarque sur-tout le colosse de granit noir à feld de spath châtoyant , apporté en France par les soins de M. le comte de Forbin ; il représente Osiris ayant une tête de lion ou le *solstice d'été*,

----

(1) Winckelmann, Hist. de l'art, tom. 1 , pag. 8.

lorsque le soleil se levait le premier jour du printemps dans le signe du *Taureau.*

Le dieu est assis sur un trône, et sa tête est ornée du disque brillant du soleil, dont le repos solsticial est indiqué par la tête d'un lion. L'inondation, dont les premiers mouvemens se manifestaient sous l'influence du même lion, est exprimée par un serpent qui se groupe avec le disque du soleil, par le tau que l'on a mis dans la main gauche du personnage, et par des vases et plusieurs tiges de lotus qui s'élèvent et s'enlacent les unes dans les autres. Le lotus indique le débordement et présage l'abondance ; *plus il y a de lotus, plus le Nil s'élève*, dit le proverbe égyptien. Son vêtement consiste dans une robe longue, qui prend à la naissance du col, et se termine à l'extrémité des jambes ; elle est tellement serrée sur la chair, qu'elle dessine le nu. Des broderies terminent les manches et le bas de la robe. Près de cette statue, on en voit une autre de la même matière et absolument pareille, excepté que le vêtement est moins apparent, et qu'elle pourrait bien être d'un temps postérieur. On la doit aussi à M. de Forbin. M. Saulnier possède trois colosses parfaitement semblables à ceux-ci, dans leurs attributs ; mais ils sont debout et en granit gris. Ces statues intéressantes tiennent chacune une tige de lotus d'une main, et de l'autre la clé du Nil. (Ces figures précieuses, ajustées avec le zodiaque circulaire, auraient produit un grand effet, s'il avait convenu au roi d'en faire l'acquisition).

L'art primitif est le même chez tous les peuples, il suit l'ordre de la nature. L'homme, comme les autres animaux, est soumis à la même loi ; il commence par n'être qu'une masse informe ; de là, il passe à l'état d'embryon, puis à l'enfance, à l'adolescence, et enfin à la perfection ; telle est aussi la marche des arts. Winkelmann, en parlant du premier style grec, a dit, d'après Pausanias : les figures faites dans ce style, étaient toutes droites et sans action, les bras pendans parallèlement et adhérans aux côtés ; c'est ainsi qu'était exécutée encore dans la cinquante-quatrième olympiade, la statue d'un arcadien nommé Arachion, vainqueur aux jeux olympiques : ce qui nous reporte en Égypte peu de temps après le règne d'Amasis, vers l'an 564 avant notre ère.

Le zodiaque de Denderah est un modèle parfait du second style égyptien. Les figures de femme qu'on y voit, présentent un avancement sensible dans l'art de sculpter le bas-relief. Les ensembles sont bons, le trait est accusé avec assurance, et les saillies sont suffisantes pour l'effet que l'on voulait obtenir. On remarque généralement dans le dessin une sorte de finesse naïve qui a du rapport avec les peintures indiennes ; en un mot ce monument nous présente un genre de faire et un caractère national qui n'ont jamais été imités.

C'est en vain que l'on voudrait supposer que le second style aurait été introduit en Égypte, par une suite des communications commerciales des Grecs avec les Égyptiens ; car avant le règne de Psamméticus, un de leurs derniers rois, l'accès de l'Égypte était interdite aux étrangers ; et ce ne fut qu'après la conquête de ce royaume par les Perses, que les philosophes grecs s'y rendirent pour se faire initier aux mystères sacrés, et connaître les sciences qu'on y enseignait. Ainsi, comme on le voit, en fixant l'exécution du zodiaque de Denderah au règne de Bocchoris, comme je l'ai fait, les Égyptiens se seraient perfectionnés d'eux-mêmes dans l'art du dessin, et la perfection du second style serait leur ouvrage. Il n'en est pas ainsi du troisième style.

Il n'est pas facile de fixer l'époque où le second style a commencé ; mais il est du moins certain que l'architecture était déjà perfectionnée. On admire les plans, les élévations et les mouvemens pittoresques du temple de Denderah, et les différens zodiaques que l'on y voit ne sont pas les seules sculptures qui en font l'ornement. Je suis donc autorisé à dire que le second style était déjà introduit ; il y aurait de la témérité à en fixer la date précise.

On a observé, avec raison, que les animaux du zodiaque sont plus soignés et mieux sculptés que les figures humaines. Il y a une raison pour cela et la voici : c'est un effet naturel de la difficulté que l'étude particulière de l'homme et de la femme présentait aux Égyptiens ; je veux parler de la connaissance du nu qu'ils n'avaient pas. L'anatomie était proscrite, et le statuaire aussi bien que le peintre, forcés dans la simple imitation des formes, des attitudes et des gestes, et retenus par un ordre de composition rigoureusement assigné par les prêtres, n'étaient plus que des ouvriers, et les progrès de l'art ne s'opéraient que très-lentement, parce qu'ils étaient soumis à la puissance sacerdotale ; aussi les figures humaines manquent-elles par

les détails. « Chez les Égyptiens, a dit Winckelmann,
l'art du dessin peut être comparé à un arbre de bonne
espèce, dont la croissance a été interrompue par quelque insecte ou par quelqu'autre accident, sans éprou-
ver aucun changement, par conséquent sans atteindre
son point de perfection, il est resté dans le même état
en Égypte jusqu'au temps des rois grecs. »Cependant on
admire dans la sculpture égyptienne du second style,
quelques têtes de femmes vues de profil sur les bas-reliefs. Les figures ronde-bosse offrent aussi des beautés
dans les têtes d'hommes, mais jamais dans les autres
parties du corps. Il y a au Musée du roi deux colosses
en albâtre représentant des prêtres assis, que je considère comme étant du second style.

D'après tout ce que je viens de dire, on voit que le
zodiaque de Denderah n'est point antérieur à nos livres
saints, comme on l'a dit et comme on le répète sans
l'examiner, puisque Moïse vivait 800 ans avant son
exécution.

Le troisième style est absolument grec; on y com-
prend tout ce qui a été fait en Égypte depuis sa conquête par les rois de Macédoine, et pendant les sept
années de séjour que l'empereur Hadrien fit, à dater de
l'an 126 de notre ère.

Pendant son séjour en Égypte il bâtit plusieurs
temples, et fit sculpter des bas-reliefs et des statues.
Antinoüs, son favori, se noya dans le Nil; l'empereur
le pleura amèrement; il le fit *diviniser*, lui dressa des
autels et lui donna des prêtres. Il fit bâtir, en son honneur, une ville en Égypte à laquelle il donna le nom

d'*Antinopolis*, et dans cette ville un temple magnifique, avec l'inscription suivante : A ANTINOUS, SYNTHRÔNE DES DIEUX D'ÉGYPTE ; c'est-à-dire, *qui partage le même trône que les dieux d'Égypte*. Comme je l'ai dit, on doit à Hadrien l'introduction en Égypte de l'art grec , qui établit le troisième style. Les formes des statues égyptiennes du troisième style ont de la rondeur, elles sont soutenues et souvent gracieuses. Celles du second style, sont plates et reconnaissables à leur roideur, défauts qui se font remarquer dans le zodiaque circulaire de Denderah. En faisant commencer par l'imitation la plus stricte, Hadrien semble s'être proposé pour but d'avancer par degrés, en ne quittant point les traces de cette imitation, et cela non-seulement en observant de quelle manière l'ancien style égyptien a changé, mais encore en se conformant dans la pratique au progrès conjectural que l'art aurait fait en Égypte, s'il n'avait pas été limité par les lois. (A ce sujet, voyez Winckelmann , *Hist. de l'art*, tom. 3, pag. 222.) On a vu, au Musée de Paris, deux statues égyptiennes, debout, en marbre *rouge antique*, de six pieds de proportion. On se souvient de la beauté des formes et de la parfaite exécution de ces deux nechores ou prêtres employés au service des autels d'Isis et d'Osiris. On voit encore au Musée du roi des statues grecques dans le style égyptien ; elles se reconnaissent aux formes pures et à un faire perfectionné qui se ressent de la liberté dont les Grecs jouissaient dans l'exercice des arts du dessin.

Le zodiaque de Denderah qui est maintenant à Paris, a été sculpté en deux parties, dont je possède des

échantillons. La première a été tirée d'un bloc de grès
quartzeux très-fin, d'un jaune-clair mêlé de points
bruns qui annoncent la présence du fer. L'autre, de la
même espèce, est sans tache et plus ferme, ce qui a
fourni au sculpteur les moyens de soigner davantage
son travail; ce qui est visible sur le monument. (1)

Avant de terminer, je dirai un mot sur les hiéroglyphes.

EXAMEN DES HIÉROGLYPHES. (2)

Déjà on a pu l'entrevoir, les hiéroglyphes consis-
tent à déterminer des symboles et des emblêmes pour
remplacer les objets. On a dit : les Mexicains n'avaient
point ces symboles ; ils copiaient les objets mêmes, de
sorte qu'ils peignaient un *arbre* pour représenter un
arbre, et il en était ainsi de toutes les choses dont se
composaient les tableaux sacrés que les prêtres présentaient au peuple. C'est là l'écriture primitive ; et
l'homme de la nature, pour exprimer matériellement
les impressions morales qu'il sent à la vue des grandes

---

(1) M. Saulnier ayant fait imprimer la relation du voyage de
M. Lelorrain, et des circonstances que cette grande et honorable
entreprise a fait naître, je renverrai donc mes lecteurs à cette
relation curieuse, pour les renseignemens qu'ils pourraient désirer
sur le transport, à Paris, du zodiaque de Denderah.

(2) Ce morceau que j'ai fait imprimer dans un mémoire, sur
un papyrus découvert à Thèbes, m'a paru nécessaire ici. Je le
reproduis avec des corrections.

merveilles du Créateur de l'univers, a dû nécessairement peindre les objets tels qu'ils existaient avant
d'être en état de les décrire ; ainsi il s'est servi des
formes et des couleurs qu'il avait sous les yeux pour
exprimer sa pensée : telle fut sans doute l'origine des
hiéroglyphes ; mais lorsque la civilisation eut amélioré
la science, ce genre de symbole, semblable alors à nos
rébus, fut entièrement rejeté. Les prêtres s'en emparè-
rent et s'en servirent pour peindre les mystères de la
religion et rappeler les peuples à leurs devoirs ; ils en
formèrent un langage sacré. Voilà l'origine des allégo-
ries, des fables et des poëmes.

Par le moyen des hiéroglyphes égyptiens , a dit
M. de Paw, on pouvait énoncer un sens moral, et il n'y
a aucun doute entre les savans que la table isiaque et
les aiguilles égyptiennes dressées à Rome, ne contien-
nent des sentences et des maximes philosophiques
(tom. 3, pag. 109.) Suivant Diodore de Sicile, Sésostris fit élever deux obélisques en porphyre de cent
quatre-vingts pieds de haut, sur lesquels étaient gravés,
en caractères hiéroglyphiques, le dénombrement de
ses troupes, l'état de ses finances et le nombre des na-
tions qu'il avait soumises. Ammien-Marcellin, d'après
l'interprétation grecque d'Hermapion, nous apprend
que l'obélisque de Ramassès, qui ornait la ville d'Hé-
liopolis, ne contient autre chose qu'un panégyrique de
Ramassès et une histoire de ses conquêtes. Proculus
nous assure que les Égyptiens conservaient la mémoire des événemens singuliers, des actions remar-
quables et des inventions nouvelles, sur des colonnes

de granit ou de porphyre. On a également dit, que les Égyptiens avaient écrit de cette manière toutes les sciences morales pour les faire passer à la postérité, et que c'était dans l'étude de ces monumens que Pythagore, et Platon après lui, avaient puisé leur doctrine. C'est une opinion que je ne saurais admettre, et je ne puis croire, comme on le dit, que la fameuse inscription de Saïs soit une sentence morale.

Sans doute, Pythagore est redevable aux Égyptiens de la doctrine qu'il a enseignée; mais ce n'est pas en déchiffrant les hiéroglyphes qu'il en a appris les principes : c'est plutôt par l'initiation aux mystères sacrés, auxquels il fut admis comme tant d'autres philosophes de l'antiquité. C'est donc dans le temple auguste de Memphis que le philosophe de Samos connut les dispositions des corps célestes et le grand système du monde; il apprit aussi l'art de lier à la perfectibilité de la morale toute la pompe de la religion ; c'est là qu'il étudia l'algèbre, qu'il éprouva lui-même le régime diététique, auquel dans la suite il soumit ses élèves, enfin c'est de ce collége qu'il tira la fiction de la *métempsycose* et de la purgation des âmes après la mort : opinion inconnue avant lui dans la Grèce aussi bien que dans l'Italie.

Il est certain que les hiéroglyphes dont on attribue l'invention à Hermès, n'étaient point les discours de la science et de la morale que l'on enseignait dans le collége des initiations, mais des signes indicateurs des saisons, des levers et des couchers du soleil, de la lune et des autres planètes, des périodes du Nil ainsi que des jours consacrés au jeûne, à la prière, au commencement et à la fin des travaux de la campagne. J'ajouterai : comme il était défendu sous les peines les plus rigoureuses, de divulguer ce qui se passait pendant le cours de l'initiation, et par conséquent ce que l'on y enseignait, le silence que l'on a observé sur les mystères par la suite des temps a fait perdre la tradition de ce qui s'y pratiquait, ainsi que la connaissance des hiéroglyphes, dont l'exécution était dirigée par les mêmes prêtres qui administraient l'initiation. Les prêtres spécialement chargés de ce travail étaient désignés par le nom d'*hiérogrammatistes*.

Les savans aussi bien que les philosophes qui parurent dans la suite, imaginèrent que ces mêmes hiéroglyphes, sous des formes mystérieuses, traitaient de la morale et de l'histoire de la nation égyptienne. Cette opinion généralement reçue, a singulièrement nui à la connaissance des symboles qui couvrent les monumens de l'Égypte. Nous sommes déjà convenus que les Grecs n'en avaient aucune connaissance. D'ailleurs les grands mystères ne s'administraient point aux étrangers, et il était défendu sous peine de mort de s'en entretenir avec des personnes qui n'auraient pas monté au dernier degré de l'initiation. D'après cela, il n'est pas probable qu'on ait figuré les secrets de ces mêmes mystères sur des monumens publics. On répondra : le peuple n'avait point la clé des hiéroglyphes. Mais à quoi bon, dirai-je, exposer publiquement des figures, des signes et des emblèmes dont la connaissance n'aurait été réservée qu'à un petit nombre d'hommes privilégiés ? C'est précisément par ce que le peuple n'était pas instruit, qu'on lui rappelait ses devoirs civils et religieux, par des signes symboliques qui l'avertissaient des temps où il devait les remplir. C'est l'obscurité qui couvre la lettre précise de ces monumens qui a produit tant d'erreurs, et qui en produira sans doute encore quand on voudra les expliquer. Quand une erreur sert de base à un système, il ne peut en résulter qu'une erreur ; ce qui a fait dire à Strabon, qu'il y avait à Thèbes des obélisques avec des inscriptions qui constataient les richesses et les pouvoirs des rois de l'Égypte ; l'étendue de leur domination, qui embrassait la Scythie, la Bactriane, l'Inde et le pays appelé aujourd'hui Ionie ; enfin la grande quantité de tributs qu'ils recevaient, et le nombre de leurs troupes, qui montaient à un million d'hommes. Tacite, en rendant compte du voyage de Germanicus en Égypte, dit à peu près la même chose, quand il croit expliquer, à l'aide d'un vieux prêtre égyptien qu'il fait paraître dans sa narration, les hiéroglyphes qui couvrent les superbes débris de la ville de Thèbes.

Plus j'examine les hiéroglyphes, plus mon opinion s'affermit dans l'idée que les prêtres égyptiens n'avaient d'autre intention, dans la représentation de ces emblêmes, que celle de figurer la marche du soleil dans le zodiaque, ses rapports avec les constellations qui se présentent sur sa route, ainsi que les phases de la lune et les révolutions du Nil, comme le rapporte Plutarque, d'après le célèbre prêtre égyptien Chérémon. Le zodiaque circulaire de Denderah et les obélisques en sont un exemple. Je reviens à l'inscription de Saïs dont il est tant parlé dans l'antiquité; elle va servir de démonstration à ce que je viens de dire, je passerai ensuite à d'autres monumens.

§. Ier. L'inscription de Saïs se compose d'un enfant, d'un vieillard, d'un faucon, d'un poisson et d'un cheval marin; et voici l'explication que l'on donne de cette peinture hiéroglyphique : *Vous tous qui entrez dans le monde et qui en sortez, sachez que les dieux haïssent l'impudence.* J'avoue qu'il faut être plus exercé que je ne le suis dans l'interprétation des hiéroglyphes, pour trouver les expressions de cette sentence dans les figures ci-dessus décrites. Ne serait-il pas mieux de supposer que ces symboles réunis, forment la peinture complète du *solstice d'hiver*, telle que le ciel nous la fait voir? D'ailleurs, en me reportant à cette époque de l'année chez les Égyptiens, d'après le calcul produit par la précession des équinoxes, si on l'admet, je suppose le soleil dans le signe du *Taureau* au printemps; je vois à l'orient l'astre du jour se lever avec le *Verseau.* Ainsi, l'enfant que l'on voit paraître en tête du cortége, serait le soleil naissant, auquel les Égyptiens donnaient le nom d'Horus, et qu'ils supposaient fils d'Isis et d'O-siris. Ils le représentaient aussi sur les genoux ou dans les bras de sa mère, qui lui présente la mamelle en souriant : *incipe, parve puer, risu cognoscere matrem,* a dit Virgile. (Voyez l'*année rurale* sur le zodiaque circu-laire de Denderah, et ce que j'en ai dit page 25.)

Ce groupe, souvent répété par les Égyptiens en peinture ou en sculpture, se voit sur le zodiaque circulaire de Denderah, au milieu des figures qui composent l'année rurale, précisément au-dessous de la Vierge, dite la *Moissonneuse*, entre l'homme à tête de taureau ou le *Laboureur*, et une autre Isis assise comme la première, couronnée de lotus et tenant de chaque main un vase, le symbole de l'abondance qu'elle répand sur la terre, et la puissance qu'elle exerce sur le Nil. Cette puissance est peinte d'une autre manière, sur le même monument, comme on va le voir.

Plus loin, au-dessus du signe des *Poissons*, on voit un disque très-volumineux dans lequel on a figuré une femme debout tenant un *porc* sur sa main. Cet emblême remarquable pourrait être celui de la déesse Isis, qui, comme Vénus, avait son domicile aux poissons. Ce cercle indique qu'Isis est la lune. Au-dessous de celui-ci, entre le *Capricorne* et le *Verseau*, est un autre cercle beaucoup plus considérable, qui, par cette raison, paraît être celui du soleil stationnaire au solstice d'hiver. On les aurait peints l'un et l'autre hors du zodiaque et dans la dernière division du tableau, parce que dans cette position du soleil, les Égyptiens supposaient Osiris descendu de son trône, et mis à mort par son frère; et pour peindre les voyages de la lune, ils disaient qu'Isis cherchait le corps de son époux pour le rendre à la vie.

La lune va régler seule désormais l'ordre de la nature. Tous les mois, son disque plein et arrondi nous présente dans chacun des signes supérieurs, une image du soleil qu'elle n'y trouve plus, et dont elle tient la place pendant la nuit, sans avoir ni sa lumière, ni sa chaleur fécondante.

Si ma proposition est bonne, les huit figures acrou‑
pies et enchaînées que contient le cercle, seraient un
symbole des huit mois du règne d'Osiris. On les a peint
enchaînés pour exprimer la victoire de Typhon sur le
génie de la lumière ; mais cette chaîne sera brisée au
printemps suivant ; d'ailleurs le nombre *huit* était un
nombre sacré en Égypte ; suivant Pythagore, il dési‑
gnait *la loi naturelle, cette loi primitive qui suppose que
tous les hommes sont égaux devant Dieu.*

Isis debout, dans le disque de la lune et portant un
porc sur la main, désignerait le troisième mois de l'an‑
née civile, où les Égyptiens, retranchés sur leurs co‑
lines et sur leurs digues, pendant l'intumescence du
Nil, se supposaient comme vivant au milieu des eaux ;
ce que peignent ici les *Poissons* auxquels cette figure se
rattache, et un disque plus petit qui est au‑dessous,
d'où partent divers jets d'eau. Mais les travaux de la
campagne vont s'ouvrir, le porc l'indique par sa pré‑
sence. Après la retraite des eaux du Nil, les Égyptiens
conduisaient sur leurs terres des troupeaux de porcs,
pour dévorer les racines des plantes nuisibles, et les
animaux malfaisans, qui vivaient dans le limon que le
fleuve laissait après lui.

Le signe du *Verseau* est représenté dans l'inscription
de Saïs par le vieillard : le faucon ou la constellation
de l'*Aigle* monte à l'orient à la gauche du Verseau : ce
signe est accompagné de la baleine et du cheval céleste,
dont le corps se lie naturellement avec les *Poissons*,
autre signe sous lequel Horus ou le soleil grandissait et
prenait de la force. Sur le zodiaque de Denderah, au‑

(52)

dessus du Capricorne et du Verseau, on voit se dessiner un cheval, et une figure d'homme ayant une tête
d'épervier, pour exprimer le lever du soleil au solstice
d'hiver.

Suivant Horus-Apollon, l'*éternité* était représentée
tantôt par le soleil et par la lune, tantôt par un basilic;
l'*Egypte* par le crocodile, et d'autres fois par un encensoir allumé avec un cœur au-dessus. Je n'ai jamais vu,
au nombre des hiéroglyphes, ni l'*encensoir allumé*, ni
le *cœur* dont parle Horus-Apollon. Le même auteur
rapporte ailleurs que les Égyptiens exprimaient la
franchise par un lièvre, la *destruction* par une souris,
l'*impureté* par un bouc sauvage, l'*impudence* par une
mouche, la *science* par une fourmie, l'*aversion* par un
loup, la *colère* par un cinocéphale, etc. D'autres ont
prétendu que le lièvre signifiait l'*ouïe*, le chien l'*odo-
rat*; que la *vue* était désignée par l'épervier, le *goût*
par la pêche et un panier de fruits; et enfin, le *tou-
cher* par l'hermine et le hérisson, qui expriment le *rude*
et le *doux*. Il serait trop long de rapporter les différentes significations morales que l'on a voulu trouver
dans les hiéroglyphes; en chercher l'explication par
de semblables moyens, sans avoir des données cer-
taines, ce serait s'égarer et confondre les hiéroglyphes
avec nos signes télégraphiques. On a voulu y voir aussi
le développement du *grand-œuvre*, et conséquemment
les caractères symboliques employés par les alchy-
mistes. (1)

____

(1) Voy. l'Ouvrage du bénédictin Joseph Pernety, intitulé :
Les Fables égyptiennes et grecques, etc.

Si on était assez heureux pour découvrir plusieurs inscriptions semblables à celle de Rosette, on espérerait éclaircir le doute dans lequel on est, et où l'on sera peut-être long-temps, sur la véritable interprétation de ce langage sacré; encore faudrait-il être certain que le texte grec est une traduction fidèle des figures symboliques des Égyptiens qui sont dessinées au-dessus; car il paraît, d'après le texte grec, que le roi Ptolomée Épiphane, le principal sujet de l'inscription, que l'on compare à Vulcain et au soleil, est censé commander au temps et au cours des astres. Voilà, comme on le voit, qui se rapporte au système hiéroglyphique des Égyptiens, dont la religion et les actions civiles étaient soumises à l'influence de cet astre, dont ils avaient fait leur premier roi, sous le nom d'Osiris. On y donne à Apollon, c'est-à-dire au soleil, le titre de *souverain maître du temps*, comme on va le voir par la traduction du premier paragraphe donné par M. Ameilhon, membre de l'Institut, dans un mémoire intitulé : *Éclaircissement sur l'inscription grecque du monument trouvé à Rosette, contenant un décret des prêtres de l'Égypte, en l'honneur de Ptolomée Épiphane, le cinquième des rois Ptolomée,* (Il vivait l'an 204 avant l'ère chrétienne.) qu'il a fait imprimer en 1803. (1)

---

(1) Pour bien connaître le motif de cette inscription précieuse, il faut lire avec attention le mémoire de M. Ameilhon, ainsi que les observations scientifiques de M. le baron Sylvestre de Sacy, qui sont insérées dans le même mémoire.

Du règne de notre jeune monarque, successeur de son père à la couronne, glorieux souverain des couronnes, réparateur de l'Égypte et de toutes les choses qui concernent les dieux ; pieux, vainqueur de ses ennemis, réformateur des mœurs des hommes, maître des périodes de trente années, comme Vulcain le grand roi, comme le Soleil le grand roi des régions tant supérieures qu'inférieures.

Que faut-il entendre par ces régions supérieures et inférieures? dit M. Silvestre de Sacy, membre de l'académie des belles-lettres, dans ses observations, page 29. C'est ce qu'il n'est pas aisé de déterminer. On dit ici que ce Ptolomée Épiphane est roi comme le soleil. Or, si l'on considère le soleil comme l'un des premiers rois de l'Égypte, on pourra dire que ces régions supérieures et inférieures peuvent désigner tout simplement la haute et la basse Égypte. Si au contraire l'on veut considérer le soleil comme une divinité qui répand la lumière sur les deux hémisphères, alors il faut donner un sens plus relevé à ces mots : των τε ανω & των κατω χωρων, c'est pour le dernier sens que j'incline davantage. En effet, puisque dans le membre précédent de phrase, Ptolomée Épiphane est qualifié de maître des périodes de trente années, ou maître des temps, comme Vulcain; il y a toute apparence que dans le second membre, on aura voulu conserver ce même caractère de grandeur, en le comparant au soleil, non comme roi de la haute et basse Égypte, mais comme roi des régions éthérées, situées au-dessus et au-dessous de l'hémisphère.

L'observation de M. le baron Sylvestre de Sacy est concluante. D'après celà, il paraîtrait que, par les figures hiéroglyphiques, les Égyptiens auraient relaté, à leur manière, les différentes positions du soleil, des astres et des étoiles, pendant la révolution de trente périodes mentionnées dans le décret dont il s'agit; et que seulement ils en auraient constaté le véritable motif par l'écriture vulgaire, ce qui seul aurait été traduit en grec; car, on se rappellera que les Grecs n'avaient aucune connaissance des hiéroglyphes, et qu'il était rigoureusement défendu aux Égyptiens de la communiquer aux étrangers. (1)

Ailleurs, en parlant de Ptolomée, il est dit : le *bien aimé de Phtha*. Les Égyptiens désignaient Vulcain sous le nom de *Phtha* ou *Phthas*. L'adoration de Vulcain, en Égypte, a été introduite par Ménès-Osiris, qui lui bâtit un temple à Memphis. Ce roi passe pour le créateur de l'idolâtrie, qu'il enseigna lui-même à son peuple, qui le considérait comme un père chéri.

____

(1) L'inscription découverte à Rosette est triple, c'est-à-dire qu'elle commence par un tableau hiéroglyphique auquel succède une autre inscription égyptienne en caractères cursifs, et au-dessous de celle-ci une explication grecque. Voyez la *notice sur le zodiaque de Denderah*, par M. Saint-Martin, membre de l'Institut, page 45 et suivantes. Ce savant a montré beaucoup de connaissances et de critique dans l'examen de cette pièce curieuse.

Ménès ou *Misraïm* vivait 2188 ans avant l'ère chrétienne ; s'étant écarté sur les bords du Nil, il fut dévoré par un hippopotame. De là l'image d'un *hippopotame*, mis au nombre des hiéroglyphes, fut pour les Égyptiens un souvenir de la mort de leur roi bien aimé et une représentation du Nil. Il reçut les honneurs de l'apothéose et le surnom d'*Osiris*, et il fut adoré dans toute l'Égypte. La reine sa femme, après sa mort, partagea les mêmes honneurs, sous le nom d'Isis. On donna le surnom de *Mercure* à son fils premier né, Athotès, auquel on attribue l'invention des hiéroglyphes, et ceux d'*Orus* et d'*Esculape* à Tosorthus, son second fils, qui s'était rendu célèbre dans la médecine.

La représentation de Ménès-Osiris se trouve dessinée sur le zodiaque circulaire de Denderah, précisément derrière le Lion, dans le nombre des figures qui composent l'année rurale. On voit un hippopotame debout sur ses pattes de derrière, ayant une tête humaine coiffée de la *mitre*, l'un des signes caractéristiques de la royauté ; comme le Lion, il annonce le débordement.

En attendant que la lecture parfaite des hiéroglyphes se fasse, je considère ces figures comme des *emblêmes* et non pas comme devant former les phrases d'un *discours*. Il est encore à craindre que ce que l'on en dira par la suite ne soit aussi problématique que ce qui en a été dit jusqu'à présent ; et si j'ai osé proposer quelques idées sur une matière aussi difficile, c'est que je suis convaincu qu'on ne parviendra à l'explication de ce langage mystérieux qu'en voyant beaucoup de mo numens du même genre, comparés les uns avec les autres ; qu'en y réfléchissant sans cesse, qu'en prenant les moyens convenables aux découvertes, c'est-à-dire en ne craignant pas, sans perdre jamais la raison de vue, de s'écarter des systèmes reçus, de s'éloigner des routes ordinaires, quand même on serait seul de son opinion. *C'est du choc des opinions que naît la lumière.*

TROISIÈME PARTIE.

Dans la première partie de ce discours, j'ai examiné la composition du zodiaque circulaire de l'intérieur du temple de Denderah, j'ai décrit chaque figure en particulier, et j'ai désigné les places qu'elles occupent dans le ciel. Dans la seconde partie, en plaçant l'équinoxe du printemps sous l'influence du *Belier*, celui de l'automne sous celle de la *Balance ;* le solstice d'hiver au *Capricorne* et celui d'été au milieu du *Cancer*, comme l'indique la position qu'on lui a donnée sur le monument. A l'aide de l'histoire et du goût de la sculpture, que je considère comme une des belles productions du second style égyptien, j'en ai porté l'exécution au règne de Bocchoris, c'est-à-dire vers l'an 771 avant l'ère chrétienne.

Plus on voit le monument, plus on veut le voir. Son aspect a quelque chose d'imposant, et malgré soi on est saisi de respect et d'admiration pour la haute science des mages qui en ont réglé la combinaison astronomique. Si ensuite, par la puissance de la pensée, on se transporte au temps de la plus grande splendeur de

Thèbes, par exemple à l'époque où **Sésostris** bâtissait des villes et des temples, élevait, dans les pays conquis, des colonnes triomphales sur lesquelles on lisait : *Sésostris, le roi des rois, et le seigneur des seigneurs, a conquis ce pays par la puissance de ses armes ;* on marche d'étonnement en étonnement, et si aujourd'hui on porte ses regards sur cette même ville, la gloire de l'antique Égypte, où tout a disparu par la force du glaive, où la science la plus merveilleuse a fait place à l'ignorance la plus parfaite, où l'urbanité la plus douce a fait place à la brutalité du sauvage ; on ne voit plus que des ruines, et l'on déplore la destinée des empires.

Enfin j'ai proposé quelques idées sur les emblêmes égyptiens connus sous le nom *d'hiéroglyphes.* Dans cette troisième partie, j'examinerai une peinture indienne inédite : elle est en rapport avec le zodiaque qui est sculpté sur le soffite du temple de Denderah ; je donnerai la description d'un zodiaque grec qui est au Musée du roi, ainsi que celle de plusieurs zodiaques du moyen âge, sculptés à la porte ou dans l'intérieur des églises.

DESCRIPTION DU ZODIAQUE INDIEN.

Le tableau indien dont je vais parler mérite une attention particulière. Il a été apporté en France par M. Bertin, envoyé extraordinaire ; après sa mort, il passa dans le cabinet de M. l'abbé de Tersan, à la vente duquel je me le suis procuré. On y voit le zodiaque, le paradis, les lieux circonvoisins et les autres divisions du ciel, par lesquelles les âmes des justes devaient passer avant de parvenir au séjour de la suprême félicité. Dans ce discours, je ferai connaître les rapports de cette peinture avec quelques monumens égyptiens, et particulièrement avec les deux zodiaques de l'ancienne Tentyris ou Denderah. Avant de commencer l'examen du tableau, il convient de rappeler quelles étaient les idées des anciens, et quelles sont celles des Indiens sur les peines et les récompenses après la mort.

§. Ier. Les deux principes qui règnent sur le monde, la *lumière* et les *ténèbres*, étaient considérés des anciens comme des divinités contraires. Les Perses nomment le premier *Oromase*, et le second *Ahrimann*; les Égyptiens appelaient le premier *Osiris*, et le second *Typhon*. Les Indiens et les Chaldéens avaient leurs astres bons et mauvais; les Grecs eurent leur *Jupiter* et leur *Pluton*; ils avaient leurs *Géans* et leurs *Titans*. La mythologie indienne présente la même chose.

On raconte que le bon génie remporta la victoire et chassa le prince des ténèbres dans la partie du midi, où il tâcha de se créer un monde sur lequel il pût dominer. Il commence son règne, et déjà il crée, au pôle austral, une constellation semblable à celle de l'ourse, lorsque des génies bienfaisans s'entremettent dans l'affaire, et font la paix entre les deux divinités primitives, à condition que le Dieu bienfaisant jetera dans la matière quelque substance céleste. Ce fut, suivant le fabuliste, ce qui donna lieu à la création de notre monde, qui est sujet à la génération et à la corruption, et sur lequel le méchant domine.

Cette paix solennelle contractée par les bons génies

avec le prince de la lumière et celui des ténèbres, considérée en quelque sorte comme la cause de la création du monde terrestre, n'a pas échappé à la sagacité des prêtres égyptiens, et je ne doute pas que ce ne soit le résultat de cette fable magique qui est sculpté sur la partie supérieure des obélisques, et figuré par deux personnages mîtrés, se donnant la main, et de l'autre tenant un sceptre.

Ce que je viens de dire de ce groupe se trouve répété sur une peinture persépolitaine faite sur brique, de la collection de M. de Nuisement; j'en ai le dessin, (elle a été gravée par M. Willemin.) Il n'y a aucun doute que les deux princes figurés sur cette peinture, ne soient *Oromase* et *Ahrimann* régnant en paix sur l'univers, l'un dans la région supérieure appelée *ciel*, et l'autre dans l'inférieure ou la *terre* : ils se donnent la main. Ces deux puissances, tenant chacune un sceptre, sont couronnées et vêtues de même. Cependant les couleurs de leurs vêtemens sont différentes et les caractérisent. Comme roi du ciel, Oromase est habillé de jaune, de violet et de bleu, tandis que le vêtement d'Ahrimann, chef des lieux inférieurs, est vert et rouge, pour désigner les principaux élémens dont la terre se compose, l'*eau* et le *feu*.

La découverte du sujet que l'on a exprimé par les deux figures dessinées en tête des obélisques, m'a naturellement conduit à découvrir ce que l'on a voulu exprimer par le groupe qui est au-dessous du premier. Ainsi le premier groupe, selon moi, serait la peinture du commencement du monde, ou celle de l'ordre qui

s'établit dans l'univers à la suite du chaos, par le pacte
solennel contracté entre les deux divinités primitives.
Le second serait l'image du commencement de l'année.
Si les deux explications que je propose étaient ad-
mises, on pourrait considérer les obélisques égyptiens
comme de véritables calendriers ; c'est-à-dire qu'ils
seraient la représentation des principales époques de
l'année, des travaux agricoles qui seraient indiqués
d'après la révolution du Nil, et celle des devoirs religieux auxquels le peuple était soumis à des jours fixes.
Cela est d'autant plus présumable, que l'obélisque était
un monument consacré au soleil, et que sa forme dessine un rayon de sa lumière. Voilà donc l'obélisque
égyptien en rapport avec le zodiaque circulaire de
Denderah.

Cependant les figures hiéroglyphiques des obélisques présentent des variantes, soit par rapport aux
lieux où on les avait dressés, ou suivant les dessins
que l'hiérogrammatiste donnait au sculpteur. On en
aura la preuve si on examine les gravures des obélisques connus. Le premier sujet sculpté en tête de l'obélisque que Sixte-Quint fit dresser à Rome devant Saint-
Jean-de-Latran, est celui de la paix contractée entre le
bon et le mauvais génie, ou le commencement du
monde.

Sur le triangle à la pointe de celui dont on attribue l'érection à Psammeticus, roi d'Égypte et fils de
Bocchoris, on a gravé le passage du soleil dans le signe
de la Vierge, après le repos du solstice, et le premier
mouvement que fait le Nil pour se déborder ; ce qui

est représenté par la figure d'Osiris, mîtré et assis sur son trône devant le sphinx. Il a dans ses mains la clé du Nil. (Voyez la description, seconde partie de ce mémoire, de la statue colossale en grand qui est au musée du Roi, et dont nous sommes redevables à M. le comte de Forbin.) Cet emblème ingénieux est la peinture symbolique de l'année, qui avait lieu en octobre. A la fête du renouvellement de l'année les Egyptiens étaient dans l'usage d'offrir aux dieux un rayon de miel; ce que l'on a rappelé ici par une petite pyramide que l'on a mise dans la main du sphinx qui l'annonçait par sa présence. Le miel aussi bien que l'abeille exprime l'abondance. Si les Grecs ont peint l'abondance par une corne de la chèvre Amalthée, remplie de fruit de toute espèce ; s'ils l'ont enrichie de pierres précieuses, de mines d'or, d'argent et de toutes les productions de la terre, ils n'ont pas négligé de couronner ce que renferme cette corne par un rayon de miel.

Le tableau suivant nous fait voir Osiris assis et coîffé de deux palmes fort élevées ; il tient d'une main la clef du Nil dont il a suspendu le gonflement, et de l'autre un sceptre qui est orné d'un tête d'aigle. Devant lui un prêtre à genoux, mîtré et coiffé d'un chaperon à tête d'homme, lui présente deux vases contenant de l'eau. L'offrande de l'eau est une pratique des mystères de l'initiation. Les deux vases, parfaitement égaux et placés sur la même ligne, indiqueraient donc l'égalité des jours et des nuits de l'équinoxe, époque à laquelle le Nil commençait à rentrer dans son lit? C'est alors que le soleil couvrait Ophiucus ou l'*homme* de ses rayons; est précédé par la constellation de l'aigle. Ce sont les mêmes figures qui se montrent en tête de l'année rurale sur le zodiaque circulaire de Denderah. On voit le même Osiris debout ouvrant l'année et portant devant lui le sceptre à tête d'aigle. La tige de ce sceptre était ordinairement un jet de Lotus. L'ibis qui marche à ses pieds est le moniteur de la retraite des eaux du Nil, après laquelle ces oiseaux fondaient par troupe sur les terres pour dévorer le fraie des grenouilles, des crapeaux, des serpens et des insectes qui vivaient dans le limon. Anubis empruntait souvent la figure de l'ibis.

Les oiseaux mîtrés que l'on a dessinés au nombre de trois sur l'obélisque dont je parle, confirment ce que je viens de dire; ils remplacent les constellations de l'*aigle*, du *cygne* et de la *lyre*, figuré aussi par un vautour. Une fois l'équinoxe d'automne établi, ils se montrent sur l'horizon, jusqu'à ce que le soleil ait couvert le *verseau*. Près de cet oiseau on a peint le disque du soleil, groupé avec le serpent Agathodœmon ayant au col la clef du Nil. C'est une manière d'exprimer que les eaux du fleuve laissent la terre entièrement libre, que l'agriculture va renaître et que les travaux vont s'ouvrir. Si je jette les yeux sur le zodiaque de Denderah, en tête du taureau, je vois que l'on a désigné le lever du soleil, le premier jour du labourage, par un épervier qui est perché sur une fleur de lotus. Cet oiseau, dans la circonstance, est donc censé avertir le laboureur de se mettre au travail.

Je reviens à l'obélisque de Psammeticus. Dans le tableau suivant, le labourage serait représenté par la figure d'Apis ou du Taureau, sous l'influence duquel se faisait cette grande opération. Puis on voit le bras d'Osiris, ayant à la main le soc d'une charrue. Sur le zodiaque de Denderah, ceci est exprimé par la figure d'un homme, à tête de taureau, ou le *tauroceros* égyptien, tenant aussi le même instrument.

Les Egyptiens considéraient Osiris comme l'inventeur et le protecteur du labourage. Ce premier travail, aussi bien que celui de la herse et des semailles terminées, on annonçait le repos par un sacrifice, on priait le grand agriculteur, celui qui donne la vie à la nature, et par qui tout se reproduit, de faire fructifier les semences que l'on avait déposées dans le sein de la terre. Ce sacrifice serait caractérisé sur l'obélisque par le bâton sacerdotal d'Osiris, et le moment où cessaient les travaux ; c'est-à-dire que le coucher du soleil, qui était l'heure de la prière, le serait par la présence d'*Ariès* ou du belier. En effet, lorsque le soleil se couche dans le signe du *taureau*, le belier qui le suit paraît à l'occident et annonce l'arrivée de la nuit. Il ne faut pas perdre de vue qu'il est question ici de l'année rurale et non de l'année civile.

Le repos qui avait lieu pendant l'intervalle de temps qui s'écoulait entre le premier travail des Egyptiens et la récolte, était employé à des sacrifices et à des offrandes ; ce repos serait désigné par la figure accroupie du dieu agriculteur et par la charrue qui est suspendue derrière lui. Voyez dans la première partie ce que j'ai dit des groupes d'étoiles et des figures qui composent la dernière bande du zodiaque de Dende-rah; ils se dessinent précisément au-dessous du ta-bleau de l'année rurale. Les autres emblêmes de l'o-bélisque de Psamméticus sont en rapport avec ceux-ci et confirment mes idées sur ce monument. Les dé-crire serait tomber dans des redites et fatiguer inuti-lement mes lecteurs; ce que j'en ai dit suffit pour en faire connaître l'esprit et le sens. D'après cela on pourrait considérer le zodiaque de Denderah et les obélisques comme une sorte d'almanachs qui aurait été réglé et rédigé dans le goût de notre *almanach de Liège*. Je reviens à la mythologie de l'Inde.

§. II. La mythologie de l'Inde se rattache à celle d'E-gypte. Le dogme de l'immortalité de l'âme; celui du ju-gement des âmes après la mort; celui des peines et des récompenses; la description des lieux où la justice di-vine place les bons et les méchans; enfin le dogme de la métempsychose forme la base de la religion des In-diens.

Les Indiens disent qu'ils ont deux paradis; l'un est le *Sorgon* ou *Shorgan*, la résidence des sages et des génies bienfaisans. Ce pays est d'or et divisé en beau-coup de cantons plus ou moins riches; on y est plus ou moins heureux. C'est là que les âmes des hommes justes, charitables et bienfaisans sont récompensées après la mort. Elles y demeurent plus ou moins long-temps, et habitent les cantons suivant la quantité et la qualité des bonnes œuvres qu'elles ont faites sur la terre. Elles y goûtent les mêmes plaisirs que sur la terre, mais ces plaisirs se succèdent sans mélange de peine et viennent au gré des habitans de ce lieu. Après le temps limité pour leur demeure dans ce pays de délices, ces âmes reviennent sur la terre animer les corps des hommes et non ceux des animaux. Elles recommencent une nouvelle vie.

L'autre paradis est le *Caïlassou*, ou le séjour ordinaire de Dieu. C'est une montagne d'argent sur laquelle on goûte un plaisir inexprimable, et qui n'a aucune ressemblance avec les plaisirs de la terre. Lorsqu'une âme y est admise, elle n'en sort plus et ne revient plus sur la terre animer de nouveaux corps. Ces différens lieux de bonheur, de félicité, de jouissances après la mort, sont très-distincts et très-bien exprimés sur le tableau indien que je possède.

Les Indiens appellent leur enfer *Naraïgam*, ou *Naranéa* (1), lieux qu'ils disent être à la partie du sud-est de l'Inde. Il est divisé en plusieurs cantons comme le paradis ; les uns pleins de serpens, les autres de scorpions, d'autres de vautours, et enfin de tous les moyens propres à supplicier ceux qui y sont précipités. Ce sont les *Rochaders*, une certaine classe de mauvais génies qui l'habitent et qui y tourmentent les condamnés dont les chairs renaissent à mesure que ces monstres les déchirent. Après le temps fixé pour leur punition, ils reviennent sur la terre animer le

----

(1) La différence des dialectes et celle de la prononciation, qui change presque toujours le sens du mot, multiplient singulièrement les noms pour signifier une même chose.

corps d'un homme, s'ils n'ont pas été bienfaisans, et celui d'un animal si leur première vie a été coupable. La qualité ou la longueur de leur punition dépend du plus ou du moins de fautes qu'ils ont commises sur la terre. Cette théorie des lettres de l'Inde n'est qu'une image mystérieuse de l'année.

En réfléchissant à ces descriptions chimériques, il se présente naturellement une idée faite pour contrister l'âme et inspirer de la mélancolie ; c'est que, si on analyse les supplices du Tartare et les plaisirs de l'Elysée, il résulte qu'il n'y a ni équilibre, ni proportion, et que sans doute il aura été plus aisé de multiplier les images du malheur que celles du bonheur ; car il paraît que l'imagination a été beaucoup plus féconde dans l'invention et la distribution des supplices, qu'elle n'a été libérale dans la dispensation des plaisirs, puisque ceux-ci ne sont jamais complets. En effet le bonheur des âmes vertueuses ne les empêchait pas de soupirer après la lumière du jour, et même de regretter leurs anciennes jouissances.

§. III. — La totalité du tableau indien présente un grand cercle. Le paradis et les montagnes qui en défendent l'entrée, formées de plusieurs carrés, sont au milieu de l'espace général, et se dessinent sur une masse de terre qui est le monde. On n'en peut douter, car on a écrit dessus : *Europe*, *Asie*, *Afrique*, *Indoustan*, *pays des Brames*, *Perse*, *Chine*, *Japon*, *Arabie* et *Turquie*. Cette nomenclature géographique indique assez que le tableau n'est pas d'une grande antiquité.

Il faut supposer que la terre est le fond du tableau, que les autres divisions et le paradis se trouvent dans une élévation très-éloignée de la terre. Je fais cette observation, parce que la peinture dont il s'agit n'étant que géométrale, et le peintre n'ayant aucune connaissance de la perspective aérienne, et nulle idée de la dégradation de la lumière, il en a fait une carte enluminée. On y voit la nature personnifiée et figurée d'une taille colossale, sous le nom de *Parakreti*, femme de *Bichen*. De ses bras, elle embrasse les extrémités du ciel et de la terre, de l'orient à l'occident. Elle les soutient de ses mains et se confond avec eux. La déesse veille aussi à la conservation de l'univers, ce qui est exprimé par l'œil ouvert qu'elle porte au milieu du front.

Dans cette circonstance on se rappelera que les Egyptiens figuraient Isis par un *œil ouvert*. Que les deux peuples, par un accord commun dans la pensée et dans la configuration d'un personnage au-dessus des êtres connus, ont peint leur déesse par une femme gigantesque, dont les bras et les jambes se réunissent et forment un cercle dans lequel la terre et les cieux sont enfermés. Voilà une belle et grande idée pour exprimer sur la toile ou sur le marbre la toute-puissance de la nature, car les arts du dessin ont leurs limites ! C'est bien là une peinture iconologique de ce que les anciens comprenaient par le nom de *Magna-Mater*, qu'ils donnaient à Isis et à Cybèle. Enfin, si on examine le soffite du grand temple de Denderah et les plafonds des appartemens dont j'ai parlé dans ma première partie, et si on les compare avec le tableau indien dont il s'agit, ce rapprochement facile servira de démonstration.

La déesse Parakreti des Indiens est figurée ici avec un œil au milieu du front, sans qu'elle soit, pour cela, privée des deux autres. Les Égyptiens, comme je l'ai dit, représentaient Isis et Osiris par un *œil*. Les Grecs, à leur imitation, n'ont donné qu'un œil à Polyphème ; on connaît un bas-relief antique de la *Villa-Albani*, où le Cyclope est figuré avec trois yeux comme la déesse indienne. Les Crétois adoraient une image de Jupiter privé de ses oreilles, pour exprimer que la divinité ne fait aucune acception de personne. Les Lacédémoniens au contraire lui donnaient *trois yeux* et *quatre oreilles*, parce qu'ils considéraient Jupiter comme le modèle d'un bon roi, qui ne doit rien faire qu'après avoir tout vu et tout entendu.

Le paradis ou le *Caïlassou*, que l'on a peint sur mon tableau, se compose d'un grand terrain distribué en quatre parties également divisées par un fleuve appelé *Gange*. Ce fleuve reçoit une épithète particulière pour chaque division. Le palais de Brama est au centre. Huit palais plus petits : ce sont autant de forteresses qui défendent les quatre points cardinaux du paradis. Au sud, vers le milieu de l'espace, on remarque deux palais supplémentaires et deux tourelles en plus, ce qui fait en tout *douze forteresses*. Voilà donc les *douze* maisons du soleil et le palais du roi du ciel, du chef suprême de la théologie indienne qui est placé au centre.

Le palais de Brama, situé sur une montagne d'or, s'élève au-dessus des autres montagnes. Quatre jardins délicieux sont aux quatre points principaux, mais leur place est entre le palais du roi du ciel qui les borne : c'est l'*Eden* des Hébreux, l'*Élysée* des Grecs ; ils sont aussi le symbole des quatre âges du monde. On pourrait comparer la beauté du palais de Brama, que l'on a dessiné ici, à celui du roi des Indes dont Quinte-Curce nous a donné la description. *Le palais du roi,* dit-il, *est enrichi de colonnes dorées, où rampe tout du long une vigne d'or avec des figures d'oiseaux faites d'argent, n'y ayant rien qui leur plaise davantage que leurs oiseaux bigarrés de diverses couleurs.*

Dans d'autres divisions plus grandes du même terrain, dont deux sont de chaque côté du centre, s'élèvent sept montagnes. Quatre *arbres de vie* étendent leurs rameaux toujours verts aux quatre points principaux de l'enceinte, où se voit le palais de Brama. *Les Indiens,* dit encore Quinte-Curce, *adorent principalement les arbres ; et les violer c'est parmi eux un crime du dernier supplice.*

Il est fait mention dans l'Apocalypse d'une ville céleste qui est d'or et carrée comme l'est celle de la première divinité de l'Inde. (1) Elle est fermée de douze

____

(1) L'idée que les Indiens se formaient de la disposition de l'univers sensible, était extrêmement bizarre. Ils se représentaient la terre que nous habitons, comme une surface plate, au milieu de laquelle s'élevait une montagne ; autour de cette montagne, ils faisaient tourner le soleil, la lune, les étoiles et les planètes ; car, c'était dans cet ordre qu'ils les arrangeaient. (Voy. *Dictionnaire*

portes , et continuellement arrosée par trois cent soixante-cinq fontaines ou fleuves correspondant aux trois cent soixante-cinq jours de l'année. On y voit un arbre qui porte toujours douze fruits , un pour chaque mois. Comme dans l'Apocalypse on voit, sur le tableau indien, les divisions éthérées ou les différens cieux qui sont figurés par plusieurs mers appelées *la mer de lait*, *la mer de beurre*, *la mer de sucre*, *la mer d'eau douce*, *la mer d'eau salée* et *la mer de vin*. Cette dernière pourrait se comparer à la vigne miraculeuse dont la vendange est intarissable.

Le tableau indien fait voir la terre d'or et la terre blanche comme la neige. Dans cette terre il y a des plantations d'arbres divisées en groupes , par les nombres *douze*, *neuf*, *sept* et *cinq* ; les âmes bienheureuses s'y promènent. Dans chaque division de terre que l'on peut considérer comme un paradis provisoire, ou comme un lieu d'attente, on y contemple et on adore la divinité locale qui en est le chef. Dans l'un, on remarque l'idole du soleil , dans l'autre celle de la lune , et dans les autres celles de Vichenou et du Lingam. Enfin les dix-neuf divisions de terre et de mer figurées par cette peinture , sont enveloppées d'un grand cercle où sont les douzes signes du zodiaque. On voit le soleil et la lune placés à droite et à gauche.

Le soleil est marqué au front du signe blanc appelé *Nammun* , que les Indiens figurent sur le leur en

---

classique, *historique* et *géographique*, par Sabbathier , article *Inde.*)

l'honneur de Vichenou. La lune, après le soleil, joue
le premier rôle dans la mythologie de l'Inde comme
dans celle de l'Egypte; elle paraît aussi sur les bas-
reliefs du temple de Denderah, et sur les autres monumens du même genre, quelquefois sous la figure
d'un cercle, mais plus ordinairement sous celle d'une
femme, car on la considérait comme la reine du ciel,
et on lui donnait le nom d'*Isis*. La *lune*, a dit Epictète,
*est la pourpre du ciel, la rivale du soleil, la déceleuse
des malfaiteurs, la consolation de ceux qui voyagent,
le guide des matelots, l'annonce des fêtes, l'œil de la
nuit, la source de la rosée, le signal des saisons* (1).

Dans la distance d'un signe à l'autre on a dessiné un
génie ou Décan, qui est monté sur l'animal qu'on lui
donne pour attribut. Près du zodiaque et avant d'arriver aux autres divisions célestes, il y en a deux que
l'on appelle l'*espace de feu* et le *cercle d'or*. L'enveloppe totale de toutes les divisions et subdivisions est

______

(1) Les Égyptiens avaient fait pour la lune, ce qu'ils avaient
fait pour le soleil. Elle avait ses maisons ou cases dont le nombre
était calculé sur celui des jours qu'elle met à achever sa révolution,
ou a revenir au même point du ciel, à la même étoile d'où elle est
partie au commencement du mois. Les *stations* de la lune, comme
les appellent les Arabes, sont portées au nombre de *vingt-sept* et
de *vingt-huit*. Les Indiens qui en comptent vingt-sept les appellent *Natchtron;* chacune a son nom particulier, son étoile, et
sur les sphères anciennes elles sont désignées par des emblêmes;
c'est-à-dire par les quadrupèdes, les oiseaux et les plantes qui
leurs sont affectées, et avec le caractère de *bon* ou de *mauvais*.
(Voy. *Orig. des cultes*, par Dupuis; t. 3, *part.* 2, pag. 123).

formée d'une chaîne de montagnes inaccessibles, désignée par le nom de *frontière du paradis.*

Comme on le voit par la description que je viens de faire de cette peinture curieuse, le ciel y est figuré comme la récompense et le séjour des sages après la mort. Cet esprit de mysticité, l'ouvrage des pénitens de l'Inde, ne se trouve pas exprimé sur le zodiaque de Denderah; les Egyptiens, conduits par les Hiérophantes des mystères, avaient l'esprit mieux formé et plus solide.

Maintenant si nous réfléchissons un peu sur les plaisirs du paradis des Indiens et de l'*Elysée* des Grecs, nous verrons qu'ils sont le fruit de l'exaltation des esprits, et qu'en cherchant, plus ou moins, à les embellir, ils ont reçu la teinte des mœurs et des goûts de chacun des peuples ou des sectes auxquelles ils ont été appropriés. Les Indiens, habitans d'un climat brûlant, virent dans le *farniente* la félicité suprême; ils se figurèrent leur paradis comme un séjour d'inaction et de repos permanent. Les plaisirs qu'on y goûte, disent les bramines, sont ineffables; des Bayadères toujours jeunes et toujours belles y forment les danses les plus voluptueuses; on y entend surtout une musique d'autant plus ravissante, que les bons génies mâles et femelles composent l'orchestre; ces jouissances sont si vives que l'imagination d'aucun homme n'est capable d'y atteindre.

Dans l'Elysée des Thraces adonnés au vin, on s'enivrait éternellement d'un nectar délicieux. Le paradis de Mahomet procure tout ce que le cœur désire; des mets exquis, des breuvages délicieux, des beautés toujours vierges, qui inspirent à leurs amans des désirs qu'elles partagent; des bosquets que couronne une verdure éternelle; des sources jaillissantes qui en entretiennent la fraîcheur; des houris d'une beauté enchanteresse, renfermés dans des pavillons superbes.

Les Grecs, qui surpassèrent les autres peuples par leur amour pour les arts, et qui se distinguèrent par leur goût pour tous les genres de beauté et de plaisir, se créèrent un Elysée où l'on retrouvait ces fêtes, ces jeux et toutes ces jouissances; produits des talens qui caractérisent un peuple infiniment aimable, dont l'imagination vive aurait craint de se rendre aucun compte.

Homère, Pindare, Eschine, Lucien et plusieurs autres, nous ont donné des descriptions de l'Elysée. Celle qu'on lit au sixième livre de l'Enéide nous paraît admirable sans doute; mais on y trouve et on y doit trouver du vague et du vide comme dans les autres; tout cela peut plaire un instant à l'imagination, mais la raison n'est pas satisfaite, parce que rien n'est beau que le vrai.

L'Elysée de Platon est une terre éthérée qui n'a rien de commun avec la nôtre; toutes les productions en sont infiniment supérieures; l'air qu'on y respire est plus pur, les saisons y sont tempérées; on n'y connaît point les maladies; les hommes vertueux y sont admis exclusivement, c'est-à-dire les philosophes qui, dégagés des affaires publiques, se sont isolés pour se livrer à la contemplation, et épurer leur âme des passions. Cicéron admet principalement dans son Elysée les hommes qui se sont distingués à la tête des socié‑ tés, ceux qui ont gouverné et sauvé des états. *Les services rendus à la patrie*, dit le grand homme *, facilitent à l'âme son retour vers les dieux et vers le ciel, sa véritable patrie.*

Enfin le tableau que je viens de décrire me paraît avoir des rapports avec la peinture que les Indiens font de l'univers. Comme d'autres peuples, ils le divisent en différentes parties enveloppées d'une sphère immense que l'on nommait l'*œuf de Brama*, et qu'ils faisaient porter par une femme appelée *Adarasati*, c'est-à-dire la vérité. Voilà l'Isis égyptienne qui embrasse le ciel et la terre, que l'on a sculptée sur les plafonds extérieurs et intérieurs du grand temple de Denderah. Les Indiens avaient un dieu particulier, chef des autres, qu'ils représentaient par un génie à à *trente-six têtes;* c'est-à-dire, qu'au lieu d'une seule tête il en porte trois rangées, composées chacune de *douze têtes.* Chaque tête, suivant les astrologues, sous le nom de *Décan*, était considérée comme un génie soumis à une seule puissance, qui cependant partageait avec lui, sous sa surveillance, le gouvernement du zodiaque, ou de la révolution annuelle.

On pourra facilement connaître cette subdivision zodiacale par l'examen du planisphère astrologique grec; mais dans le style égyptien, dont on voit le fragment au Musée du roi : il a été trouvé à Rome et envoyé à l'Académie royale des sciences, par M. Bianchini. Les figures gravées en creux, se distinguent par un mastic de différentes couleurs que l'on a introduit dans les traits qui les dessinent. Par ce qui en reste, il est aisé d'apercevoir qu'il se compose de cinq divisions circulaires dont deux sont consacrées aux douze signes. Au-dessus de chaque signe sont trois génies ou *Décan*, debout, dessinés dans le style égyptien, et au-dessus trois têtes radiées, dans le goût grec. Voilà donc trois génies particuliers pour chaque signe ou *mois*, ce qui fait trente-six pour l'*année* ou pour les douze signes.

Au-dessous de la seconde bande du zodiaque, on voit des figures symboliques correspondantes aux signes. Chaque génie avait pour attribut un animal ou une plante qui était censé en rapport avec les signes dont la surveillance lui était confiée. Les astrologues mettaient ces figures en œuvre pour tirer l'horoscope de ceux qui avaient la faiblesse de les consulter. Ces attributs magiques sont ordinairement peints sur les sphères indiennes. Les animaux qui sont dessinés au centre du planisphère pourraient bien être la *grande ourse*, le *loup* et l'*Hydre femelle*, si célèbre par ses influences malignes pendant la durée des jours caniculaires. On supposait qu'elle donnait la fièvre aux hommes et la rage aux animaux.

Cette table curieuse et en marbre, que je regarde comme un ouvrage du bas-empire, pourrait bien avoir servi à des initiations secrètes où l'on reconnaissait Mercure-Trismégiste pour chef. Les anciens astrologues n'enseignaient qu'avec beaucoup de mystère la théologie des Décans, comme Firmicus nous l'apprend.

« C'était là, dit-il, cette doctrine secrète et auguste,
» dont les anciens, inspirés par la divinité, ne con-
» fient les principes aux initiés à cette science qu'avec
» réserve, et qu'avec une espèce de crainte, ayant soin
» de l'envelopper d'un voile obscur, pour qu'elle ne
» parvienne pas à la connaissance des profanes. »

§. IV. — D'autres peuples nous ont laissé des zodiaques peints ou sculptés qui ne sont pas moins intéressans que ceux dont il a déjà été question. On voit
au Musée du roi, un zodiaque grec, sculpté en marbre
de Pentélie ; il vient de la collection Borghèse. C'est
un hôtel sur le plateau duquel sont sculptés en relief
les bustes de douze grands dieux rangés ainsi en cercle : Jupiter, Minerve, Junon, Cérès, Neptune, Pluton, Mercure, Bacchus, Apollon, Diane, Mars, Vénus et l'Amour.

Au-dessous du plateau est un cercle sur lequel on
a sculpté les douze signes. Dans chaque signe on voit
à la place de la divinité qui y prenait son domicile,
l'animal symbolique qui lui était consacré. Ce beau
monument est une peinture de la fable et de la sphère.

Les Celtes, dans le nombre de leurs monumens religieux, avaient aussi des zodiaques ; ils consistaient en
des pierres rangées en cercles. Les Druides qui, in-
dépendamment de leur qualité de pontifes, furent
encore chez eux, ce qu'étaient les philosophes chez
les Grecs ; les mages, chez les Perses ; les hiérophantes,
en Egypte, et les brames, dans l'Inde ; avaient proba-
blement désigné chaque pierre par le nom d'une divinité. On voit un zodiaque de ce genre là de quarante-

six pieds de diamètre, dans le Highlanden, en Écosse.
Cambry en a publié plusieurs fort intéressans. (Voyez
Monum. celt., pl. 5.)

Les anciens considéraient le ciel comme une arche;
c'est-à-dire une *nef*, à l'usage des dieux qui s'en servaient pour voyager dans l'espace éthérée. De là on a
donné la forme et le nom de *nef* à cette grande partie
des temples où les fidèles se rassemblent pour prier.
C'est par une suite de cette supposition que les signes
du zodiaque sont figurés en sculpture ou en peinture
soit intérieurement, soit extérieurement, de nos anciennes églises, comme cela se voit sur le portail
de Notre-Dame, à Paris; sur ceux de Saint-Denis, de
Strasbourg, de Reims, et de beaucoup d'autres édifices religieux du même genre, construits dans le même
siècle. A ces représentations naturelles se rattachaient
néanmoins beaucoup d'idées mystérieuses qui nous
étaient parvenues par tradition; car ces décorations
ne sont en effet qu'une répétition des peintures des
temples égyptiens, ainsi que de l'antre de Mithra, qu'on
adorait en Perse. Quelle grande et noble conception
d'avoir mis en rapport le monde supérieur avec le
monde inférieur ! C'était donc pour mieux admirer la
toute-puissance de Dieu, que les Celtes et les Gaulois
sacrifiaient et priaient dans les champs et dans les fo-
rêts; c'était donc par imitation d'un usage plus ancien,
que dans le nord de l'Europe on peignait encore dans
le treizième siècle, la voûte des églises en bleu d'azur,
avec des étoiles, comme l'avait été, dans l'origine, le
zodiaque circulaire de Denderah? Je vais parler des

zodiaques de Notre-Dame, de Saint-Denis, de l'église Sainte-Geneviève de Paris, et de quelques autres qui méritent d'être examinés.

§. V. — Les scupltures du portail de l'église cathédrale de Paris, dans leur ensemble, représentent des sujets tirés de l'Apocalypse, de l'ancien et du nouveau Testament, de la vie de la Sainte Vierge, le paradis et l'enfer. Sur la troisième porte à droite de l'édifice se voit le zodiaque dont il s'agit.

Ce zodiaque est une espèce de calendrier conforme, comme motif seulement, à celui de Denderah. Il est composé de six colonnes. Sur les premières colonnes de droite et de gauche on a sculpté perpendiculairement les douze signes célestes suivant l'ordre correspondant des domiciles successivement occupés par le soleil pendant le cours de l'année. On observera que le sculpteur ayant figuré la sainte Vierge par une statue de six pieds sur le principal pilier du centre de la porte, il s'est mis lui-même dans la case que l'épi, autrement dit la *Vierge*, devait occuper à la suite des autres signes : il s'y est représenté taillant la pierre et travaillant au monument. Les cases des autres colonnes, au nombre de quatre, sont remplies par des figures symboliques, caractérisées de manière à peindre la température de l'air, ainsi que les opérations agricoles pour chaque mois de l'année. Celui de la cathédrale de Strasbourg, fait dans le même esprit, est composé de même selon l'ordre naturel des signes ; il ne présente rien de particulier. On observera cependant que sur le zodiaque de l'église cathédrale d'Amiens, comme sur celui du portail de Notre-Dame de Paris, le *centaure* a des pieds de chèvre, au lieu de ceux d'un cheval qu'on lui donne sur la sphère grecque.

La façade de l'église de Saint-Denis se compose de trois portes comme tous les édifices du même genre. Celle du milieu est en plein ceintre, les deux latérales en ogives surbaissées, que l'on doit considérer comme un des premiers exemples en France de l'introduction des arcs en ogive; de deux tours, dont l'une est surmontée d'une flèche pyramidale, ornée de plusieurs petites pyramides portées par des colonnes et des arcs percés à jour. Le zodiaque qui en fait l'ornement est sculpté sur la troisième porte à droite comme celui de Notre-Dame; il n'a pour différence avec celui-ci que dans les signes dont il n'y a que dix, l'*écrevisse* ou le *cancer* et le *lion* manquent; les travaux agricoles correspondant à ces deux signes manquent également ment (1).

Si l'architecture de nos anciennes églises, appelées *gothiques*, est une architecture *saracinique*, ou sarrazine, introduite dans le nord de l'Europe à la suite des croisades, comme je l'ai démontré dans la *description du Musée des monumens français*, tome VII, page 114; on ne doit pas être surpris de la voir décorée des emblêmes de la mythologie magique et mithriaque, puisque les Sarrasins chassés de la France par

______

(1) Voyez mon *Atlas des monumens de la France*, pour la continuation de l'*histoire* de Vély, par **M. Dufau**; je l'ai fait graver avec soin.

Charles Martel, avaient sous leur domination la Syrie, l'Egypte et la Perse, et que leur religion se fondait sur le sabisme ou l'adoration des astres. D'après cela on reconnaîtra dans la forme comme dans la décoration des anciennes églises la représentation du ciel et de la terre, dont le créateur et le directeur suprême est le Dieu qu'on y adore. Toutes ont la forme d'une croix grecque ou latine; toutes sont orientées , et la place que l'autel occupe est l'*orient*. La nef est l'image du ciel ; les voûtes étaient peintes en bleu et étoilées. Ainsi la principale porte de la façade en opposition avec l'autel, désignerait l'*occident*, la porte de droite, le *midi*, comme celle qui lui est opposée indiquerait le *nord*.

Le temple que Salomon fit bâtir à Jérusalem était orienté de la même manière. On se rappelera que les ailes des deux chérubins d'or qui groupaient l'arche d'ailliance étaient si considérables, que des extrémités elles touchaient, l'une la porte du *midi*, et l'autre celle de l'*occident* (*Hist. des Juifs* , Fl. Jos., pag. 280.). On y montait par *douze* marches, et dans l'intérieur on voyait un tapis babylonien, où brillait l'*azur*, le *pourpre*, l'*écarlate* et le *lin*. Il représentait les quatre élémens par ces couleurs symboliques; car l'écarlate représentait le *feu*; le lin , la *terre*; l'azur, l'*air*, et le pourpre, la *mer* ou l'eau. Tout l'ordre du ciel était aussi représenté sur ce tapis superbe (*Hist. des Juifs,* par *Arna. d'And.*, tome vi, p. 39.). Je parle de ces couleurs, parce qu'elles ornaient non-seulement l'intérieur des temples de l'Egypte (voyez l'*ouv. de la commission*),

6

ainsi que le zodiaque de Denderah, mais encore nos églises du moyen âge (Voyez le *portail de Notre-Dame,* à Paris, et celui de l'*église* de Saint-Denis.)

D'ailleurs les chapiteaux de l'ancienne église Ste.-Geneviève vont confirmer ce que je viens de dire. On y voit encore quelques-unes de ces couleurs.

Le zodiaque de l'abbaye des Bénédictins d'Issoire, en Auvergne, couronnait les chapiteaux de la nef de l'église; celui de Sainte-Geneviève était également dans la nef; on voit aussi quelques signes du zodiaque dans la nef de Saint-Germain-des-Prés. (Je possède les dessins des monumens dont je parle.)

Les sujets des chapiteaux d'Issoire sont agréablement composés, et la sculpture est assez bonne pour le onzième siècle, époque à laquelle j'en fixe l'exécution. Le sculpteur a figuré le *belier* portant Phryxus, pour les *Gémeaux*, Castor et Pollux, debout et se donnant la main; pour le *taureau*, l'enlèvement d'Europe; Cérès, pour la Vierge, et il a accompagné le *lion* de la massue d'Hercule. Le dieu Pan et la déesse Hygie font l'ornement des deux autres chapiteaux. On y voit aussi le paradis et l'enfer, allégoriquement figurés (1) .

---

(1) Les chapiteaux de l'église d'Issoire, non-seulement ont des rapports avec ceux du temple de Philœ en Egypte , pour la composition et la forme, mais aussi pour les couleurs. Débarrassés du badigeon dont on a couvert toutes nos églises dans les temps modernes, on a trouvé dessous les couleurs anciennes , c'est-à-dire , du *rouge* , du *bleu* , de l'*or* , du *vert* et du *blanc*.

On voit encore aux portails de Notre-Dame de Chartres , de

Il me reste maintenant à parler des chapiteaux de l'ancienne église de Sainte-Geneviève ; ils ont été vus pendant plusieurs années dans le jardin des Petits-Augustins. Leur réunion complète un zodiaque d'autant plus intéressant qu'il est historique et qu'il a des rapports avec la Genèse, d'où on a tiré les sujets qu'il représente. Le belier *Ariès* ou le signe dans lequel le soleil alors se montrait au printemps dans toute sa beauté, se dessine sur le premier bas-relief. Le second représente la création de l'homme et de la femme. Dans le troisième on voit l'introduction du mal par l'entremise du serpent ; comme dans le quatrième, Adam et Eve sont chassés du paradis terrestre. Le cinquième représente Noé, le conservateur des hommes et des animaux pendant le déluge ; et le sixième, Samson, les cheveux épars, terrassant un lion.

Il y a toute apparence que c'est le commencement d'une période sous le signe d'*Ariès*, dont on aurait fixé le point de départ à l'équinoxe d'automne, époque à laquelle les anciens ont fait commencer l'année, qu'ils considéraient comme entièrement révolue lors-

---

Paris et de l'église de Saint-Denis, les restes des dorures et des couleurs dont on les avait ornés.

Chez les Grecs, pour peindre les statues de leurs dieux, on employait l'*or*, le *bleu*, le *blanc* et le *cinabre*. Les Égyptiens vêtissaient l'initié aux mystères, d'une robe de lin, rayée de *bleu*, de *rouge*, de *jaune* et de *blanc*, et par-dessus un manteau *pourpre*.

Sur le zodiaque circulaire de Denderah, parmi les groupes qui composent l'année civile ou religieuse, et au-dessous d'Isis, figurée debout, tenant un arc, on voit un prêtre vêtu d'une robe longue, rayée, semblable à celle des initiés.

que le soleil, après le solstice d'été, ou après les fu-
reurs du lion, mis à mort par Hercule, commençait à
descendre et à faire décroître les jours, que l'on a
sculpté sur le monument dont il s'agit. On observera
encore, que l'année juive, comme celle des autres
peuples, jusqu'au règne de César, était fixée à l'équinoxe d'automne; cela est nécessaire à l'intelligence du
monument.

On remarquera plus particulièrement encore que le
premier bas-relief, celui qui représente le commencement de l'année, la création de l'homme et de la
femme, était placé dans la nef de l'église, en tête des
autres et le plus près de l'autel, qui occupait l'orient.
Par sa position il annonçait donc le lever du soleil le
premier jour de l'équinoxe d'automne : cela est d'autant plus évident, que la balance se dessine au revers
du même chapiteau. D'ailleurs si on considère ici l'ensemble de ces représentations correspondantes aux
signes du zodiaque comme un calendrier, pour la si-
gnification seulement, elles auront la même expression que celles qui se dessinent sur les obélisques de
Psamméticus et de Saint-Jean-de-Latran, dont j'ai parlé plus haut, car on y voit aussi la création du monde,
puis le commencement de l'année à l'équinoxe d'automne sous le règne d'*Ariès* ou du belier, etc.

Voilà généralement les sujets qui font l'ornement
des portails de nos anciennes églises. Les amateurs du
merveilleux y ont vu les caractères symboliques de l'al-
chymie ou du *grand-œuvre;* c'est aussi ce que l'on a
cru voir dans les hiéroglyphes dont on attribue l'invention à Hermès.

§. VI. — Enfin les belles sculptures du soffite et des appartemens du temple de Denderah dont il a été question jusqu'à présent, sont une preuve que les Egyptiens considéraient le zodiaque comme le grand théâtre du ciel, où chaque signe jouait tour-à-tour un rôle par la présence du soleil, qui les visite successivement. En effet ils regardaient leur zodiaque non-seulement comme un calendrier rural et météorologique, mais comme la base de leur religion et de leur astronomie. Ainsi le bas-relief du soffite aurait donc figuré l'année solaire, et l'année lunaire entièrement soumise à l'influence d'Isis, comme l'autre l'était à celle d'Osiris ; celui de l'intérieur de l'appartement, 1°. le tableau du ciel, tel qu'il se présentait aux Egyptiens lorsque le soleil, le premier jour du printemps, s'établissait dans le bélier ; 2°. l'année rurale, annoncée par l'intumescence du Nil, qui se manifestait sous le *lion*, et dont les premières opérations avaient lieu sous le *taureau* ; 3°. l'année civile ou religieuse, divisée en quatre parties, à la tête desquelles le *bélier* se dessine. L'année religieuse était sacrée, et les rois faisaient serment en montant sur le trône de la maintenir dans toute son intégrité.

Les fêtes seraient, 1°. celle en l'honneur d'Isis. La déesse était censée gouverner toutes choses sur la terre et dans les cieux, pendant l'absence d'Osiris, son époux. A cette fête on la représentait par une ourse ; les Égyptiens l'appelaient *le chien de Typhon* ; les Grecs en ont fait la fille de Lycaon, qui fut métamorphosée en *loup*. Anubis , avec sa tête de chacal ou de loup , ouvre ici la marche des prêtres chargés de desservir l'autel de la déesse.

L'ourse, figurée assise et au repos sur le zodiaque de Denderah, est accompagnée de sept étoiles, qui, suivant Clément d'Alexandrie, servaient aux usages de la navigation et de l'agriculture. On donnait à cette constellation, placée près du pôle ou du pivot sur lequel la sphère semblait rouler, le nom de *très-belle*, comme à Vénus.

Le *Bootes* ou Osiris, marche devant l'idole d'Isis. Le Bootes est figuré sur la sphère tenant une faucile et un bâton recourbé. Osiris paraît ici tenant d'une main le même bâton et de l'autre le fléau dont on se sert pour extraire le grain de l'épi. Quand le Bootes se couche, le Belier se lève, et pour peindre cette position astronomique on n'a pas oublié de dessiner à l'extrémité de la procession un petit belier; voilà une expression du labourage qui s'opérait en mars.

2°. La fête du soleil naissant, ou de son lever à l'époque de sa résurrection, sous le nom de *naissance d'Horus*, est figurée par un enfant assis sur une fleur de lotus, manière d'exprimer que le soleil levant paraît alors sortir des eaux du Nil, dans lequel on supposait qu'Osiris avait été précipité par Typhon, sous l'influence du Scorpion, le symbole du génie du mal. *Horus est le Jour, fils du soleil dans sa jeunesse, et dans le printemps de la nature.* Le lever du soleil naissant est exprimé par le prêtre qui marche devant Horus avec un masque d'épervier. C'est donc la fête du solstice d'hiver qui se célébrait au mois de décembre.

3º. Celle qui se célébrait à l'ouverture du labourage, en novembre ; le porc est le coryphée de la fête, parce que cet animal purifiait le limon déposé par le Nil, des plantes malfaisantes et des insectes destructeurs de toute espèce de végétation. Celle-ci a du rapport avec la suivante.

4º. Enfin on a sculpté sur le zodiaque de Denderah, les fêtes que l'on célébrait en Égypte pour implorer la bonté des dieux en faveur des biens de la terre. Isis était censée avoir fait la découverte du blé ; on l'unit à Osiris qui avait enseigné l'agriculture et le labourage aux Égyptiens ; cette union symbolique exprime celle du soleil et de la lune, qui agissent de concert, règlent l'année et le labourage. Les Grecs et les Romains avaient de semblables fêtes en l'honneur de Cérès, et c'est un porc qu'on immolait. Les fêtes égyptiennes figurées par ces divers groupes et au nombre de quatre, indiquées par la division des groupes, se célébraient pendant la durée de l'inondation, comme l'exprime le grand serpent qui est l'emblême du Nil, et que l'on a posé sur un autel placé en tête du cortège des prêtres qui figurent à la cérémonie.

Les Gémeaux paraissent ici présider la fête et marchent devant le grand serpent ; il convient d'observer que les Gémeaux se lèvent quand l'Hydre brûlante, appelée aussi *le Nil*, se couche. Cette position est celle de juillet, l'époque du débordement.

La disposition de l'année en *année rurale*, a dû être la première ; dans la suite elle a dû servir à régler les divisions du zodiaque, qui, dans le principe, n'a dû être qu'un simple agenda, sur lequel étaient relatés les aspects des étoiles, qui se montraient aux époques où la terre demande les soins du laboureur pour produire les choses nécessaires à la vie. La science s'est emparée de ce premier travail, et la sphère fut composée.

Si on suppose, comme a fait Dupuis, que l'invention du zodiaque est due aux Égyptiens, le solstice d'été se serait rencontré au point O du Capricorne, et au 30e degré du Sagittaire, ce qui reculerait à des époques trop éloignées les premières divisions du temps sous la forme d'année. Cependant l'année rurale des Égyptiens s'accorde avec la supposition, car nous voyons que pour peindre le premier solstice ou le point le plus haut de la course du soleil, on a figuré l'animal qui se plait à vivre sur la cîme des roches les plus élevées, je veux dire le Capricorne.

C'est aussi pour peindre le débordement du Nil, qui se manifeste peu de jours après le solstice d'été que, sur les anciennes sphères, on a représenté le Capricorne avec une queue de poisson ; et comme le Nil couvre pendant trois mois les terres qui l'environnent, on a peint dans le ciel des figures propres à caractériser la présence de l'eau sur la terre. Il en a été ainsi des autres signes ; la note suivante va faire connaître les diverses peintures de cette division (1).

---

(1) *Ordre des signes célestes d'après celui de l'année rurale ; motifs qui en ont déterminé les figures.*

On voit sur le zodiaque de Denderah, sur les autres monu-

L'année rurale annoncée sur le zodiaque circulaire de Denderah, par le signe du Lion et du Taureau, comme je l'ai dit, aurait été fixée par deux petits hiéroglyphes, dessinés l'un au *nord* et l'autre au *midi*, dans

---

mens égyptiens comme sur la sphère, un *Capricorne demi-poisson*, c'est le Nil qui se déborde vers le milieu du *premier mois*.

Du 21 juillet jusqu'au 21 août, l'inondation augmente successivement et arrive au plus haut degré. Pour désigner le deuxième mois, on a donc peint dans le ciel une urne percée de mille trous, ou un homme, symbole du Nil, penché sur une urne d'où sort un fleuve. Cet homme est connu sous le nom de *Verseau*, désigné parmi les hiéroglyphes, par deux lignes en zig zag et deux filets au-dessous. Voyez sur le zodiaque circulaire de Denderah, le tableau sur lequel le lion de l'année rurale pose ses pattes de devant, et celui qui est dessiné entre les deux poissons.

Du 21 août jusqu'au 21 septembre, les Égyptiens retranchés sur leurs collines, se figurèrent comme vivant au milieu des eaux, sous l'emblême d'un *poisson* ou de deux *poissons* tenus par un lien. Tel est l'emblême du troisième mois.

Le *quatrième* signe est le *Bélier*. Le soleil entrait dans ce signe vers le 21 septembre, jour de l'équinoxe d'automne, et y restait jusqu'au 21 octobre. Alors les eaux n'étant pas entièrement retirées de la campagne, laissaient cependant à découvert les endroits les plus élevés ; on y conduisait les troupeaux pour se nourrir de l'herbe fraîche, jusqu'au moment où les terres, plus affermies, se trouvaient disposées à recevoir la charrue. Cette entrée au pâturage fut marquée dans le ciel par un bélier.

Comme je l'ai dit précédemment, l'année rurale des Égyptiens commençait sous l'influence du *Taureau*. Or, on figura cet animal dans le ciel, parce qu'il trace un léger sillon dans le sol desséché,

la frise qui tourne au-dessous de la dernière série des figures du bas-relief. J'en parle une seconde fois, parce que cette découverte est importante, puisque, si on divise le tableau par deux lignes pour obtenir les

---

voilà le dire des Égyptiens. Le soleil occupait alors ce signe depuis le 21 octobre, jusqu'au 21 novembre : c'est le *cinquième* signe.

Le *sixième* signe, les *Gémeaux*. La végétation rapide et vigoureuse de l'Égypte, sous ce mois, se manifeste déjà d'une manière sensible, et la terre, un mois après avoir été ensemencée, y montre au laboureur l'espérance de ses récoltes. Comme emblême de ces récoltes naissantes et de la nature dans l'état d'enfance, on a peint deux chevraux qu'une mère vient de mettre bas, ou deux jeunes enfans *jumeaux*. Le soleil résidait dans ce signe depuis le 21 novembre jusqu'au 21 décembre.

Septième signe, depuis le 21 décembre jusqu'au 21 janvier. Le soleil alors descendu au milieu du ciel, ralentit sa marche, s'arrête et remonte par les mêmes nombres de degrés qu'il a déjà parcourus, et revient sur ses pas. On a peint cette marche rétrograde par une *écrevisse*.

Huitième signe, depuis le 21 janvier jusqu'au 21 février. Le soleil a repris sa force. Déjà les productions de la terre ont acquis la vigueur qui précède la maturité, et l'épis jaunissant annonce une moisson prochaine. Le *Lion* a été dessiné ici, disent les uns, comme le symbole de la force que la végétation a déjà acquise ; ou suivant les autres, parce que la couleur de cet animal est l'image des moissons dorées.

La *Vierge* ou la moissonneuse, depuis le 21 février jusqu'au 21 mars, désignera le *neuvième* signe, et la moisson qui s'opérait en Egypte à cette époque de l'année. Voilà pourquoi on a peint

quatre divisions du ciel, l'orient, l'occident, le nord et le midi, elles se rencontreront au centre du pôle nord avec les autres lignes dont j'ai parlé page 24 , et que cette remarque peut se considérer comme une démonstration complète.

---

dans le ciel une jeune fille qui tient une faucile d'une main et un épis coupé de l'autre.

La *Balance* caractérise le *dixième* signe, depuis le 21 mars , jour de l'équinoxe du printemps , jusqu'au 21 avril. Le soleil arrive à l'équateur , rend les jours égaux aux nuits , et cette égalité fut marquée dans les cieux par une balance. Voyez page 32 ce que j'ai dit sur l'antiquité de la peinture de ce signe.

Onzième signe. Le *Scorpion* , depuis le 21 avril jusqu'au 21 mai. Un vent furieux et pestilentiel , venant d'Éthiopie , désolait la campagne. Les Égyptiens , pour caractériser cette calamité , peignirent dans le ciel un scorpion , animal malfaisant. Dans d'autres sphères, on voit un géant hérissé de serpens, de la bouche duquel semble sortir un vent impétueux ; et on y fixa l'empire de Typhon , nom qui désigne un *tourbillon*.

Le *Sagittaire* fermait les douze signes , depuis le 21 mai jusqu'au 21 juin. Le dernier mois de l'année où l'on ne pouvait plus songer à cultiver des champs que le Nil allait inonder , ne dut être employé qu'aux exercices de la chasse. C'était aussi, dit-on, le temps que l'on préférait pour faire la guerre. On représente donc dans le ciel tantôt un *arc,* tantôt une *main armée d'un trait,* d'autres fois un *homme à cheval lançant un javelot.* Sur le zodiaque de Denderah , on a peint le sagittaire avec deux visages , comme Janus , pour exprimer le *passé* et l'*avenir* , c'est-à-dire la fin d'une année et le commencement de l'autre.

Il convient d'observer , que des rapports aussi frappans ne pouvaient se rencontrer que dans un pays où les travaux de la campa-

La latitude de Denderah, ou l'élévation du pôle, est de 26 degrés 10 secondes. La palme désigne le pôle nord, et selon moi les deux petits cercles coupés qui l'accompagnent, indiquent les deux hémisphères. On remarquera que cette ligne descend précisément sur la figure de la grande Ourse, placée en tête de la fête isiaque, et que cette constellation se présente dans le ciel au pôle nord.

Cette direction confirme en quelque sorte l'âge que j'assigne au monument de Denderah; car la grande Ourse, appelée d'abord *le Chariot*, puis *Caliste* ou la *Très-Belle*, à cause de son extrême beauté, (qui était

---

gne se succèdent suivant un ordre inconnu aux autres climats. Les Égyptiens, en conséquence, durent fixer leurs regards non-seulement sur les constellations du zodiaque, mais encore sur les autres constellations dont le lever et le coucher dirigeaient particulièrement leurs travaux; c'est ce qu'ils ont fait; c'est aussi ce qui est tracé sur le zodiaque circulaire de Denderah.

Enfin c'est parce que, dans l'explication que l'on a donnée des monumens égyptiens, on a souvent confondu les signes affectés à l'année rurale, avec ceux qui appartiennent à l'année solaire, que l'on a commis tant d'erreurs sur la véritable ouverture du zodiaque ; elle n'a dû et n'a pu se faire pour l'équinoxe du printemps, que sous le signe du *Taureau*, ce qui place sous celui du *Lion* le solstice d'été. L'année rurale, au contraire, fixe le solstice d'été sous la puissance du *Capricorne*, et l'équinoxe de printemps sous celle de la *Balance*. Toute espèce d'ordre serait renversé, si on calculait l'âge du monde d'après cette dernière position astronomique. *Quand une erreur sert de base à un système, il ne peut en résulter que des erreurs.*

cènsée conduire le laboureur aux champs, si on remonte aux premiers temps de l'année rurale), s'élevait
à un point plus bas que celui qu'elle occupe sur le
monument; et après son coucher, elle restait plusieurs heures sur l'horizon ; mais elle s'était fort ap-
prochée du nord au temps où régnait Bocchoris ;
et si on jette un coup-d'œil sur la ligne que j'ai tirée
du pôle nord au pôle sud (*voy*. page 24), on verra que
cette ligne, passant vers l'épaule de la grande Ourse,
fixe le point milieu au-dessous du sein, et que son
buste est entièrement couché sur le pôle nord. On
remarquera encore que les constellations extra-zodia-
cales, placées au-dessus des douze signes, sont celles
du pôle qui se montraient tous les jours de l'année,
sans jamais descendre au-dessous de l'horizon.

La figure opposée à celle-ci, semblable à un fruit
de lotus, est l'indication du pôle sud : ici c'est le serpent, l'annonce du passage du soleil dans les signes
inférieurs, ou la fête de l'inondation qu'elle touche.
On supposait que l'entrée des enfers était au midi,
vers la constellation du grand Chien, dont on fait Cer-
bère, le symbole des trois saisons désignées par trois
têtes, l'une de *lion*, l'autre de *loup*, et la troisième de
chien. On la considérait comme le moniteur de l'année rurale, parce que les Égyptiens en célébraient l'ouverture, quand le soleil était déjà entré dans les signes
inférieurs. Ainsi, par la ligne que j'ai tirée, on voit
au pôle nord que la grande Ourse se trouve sur la
même ligne, et en correspondance avec l'Isis-Ourse,
qui figure au bas du tableau, en tête de la fête isiaque ;

qu'au pôle sud le régime du lotus, le fruit de l'inondation, se lie avec le Nil , ou au serpent qui le représente.

On peut donc considérer la ligne que j'ai tirée comme l'axe du monde. D'après celà je pense que s'il était possible de donner au planisphère qui est au musée du Roi, l'inclinaison convenable, en le plaçant au soleil, en traçant autour la division complète des heures, et en posant un style au centre des lignes que j'ai tirées, c'est-à-dire au point milieu où elles se rencontrent au-dessous du sein de la grande Ourse, on en ferait un cadran solaire, et on verrait les heures telles qu'elles se présentaient aux Égyptiens.

Par l'exposition publique des symboles hiéroglyphiques des Égyptiens, tracés sur la pierre, le marbre, l'airain, ou sur le papyrus, il est certain que les législateurs ont voulu ramener toute l'attention du peuple vers la nature, en lui montrant les cérémonies usitées dans les fêtes propres à le maintenir dans la morale adoptée de son gouvernement. Ainsi, toute espèce de tableaux semblables au zodiaque circulaire de Denderah, aux obélisques, ou au papyrus des tombeaux , auraient rappelé aux Égyptiens quatre choses essentielles dans les devoirs que la religion et la société leur auraient imposés. Ils auraient donc été avertis 1°. *de glorifier de toutes choses l'Être suprême, l'unique intelligence, qui mène à son gré l'univers ;* 2°. on leur aurait également annoncé *le progrès du soleil, et les circonstances des mois, ou l'ordre de l'année ;* 3°. Ils y auraient vu *l'ordre des fêtes religieuses.*

Voyez sur le zodiaque de Denderah les groupes de figures et d'étoiles de la dernière bande circulaire, en partant du point de centre du bas-relief. Ces groupes figurent l'année civile ou religieuse, divisée en quatre parties, et on n'a pas négligé de peindre le Belier à la tête de chaque division, comme le chef des douze mois; c'est ce que j'ai déjà fait observer. Les prêtres qui y sont représentés, portent, suivant l'ordre des cérémonies, le *masque* et le *chaperon*, propres à faire reconnaître la constellation où se trouve le soleil roi (ou *Osiris*), pour chaque jour consacré à la prière ; c'est ce qu'il faut entendre des figures d'hommes ayant des têtes de *bœuf*, de *lion*, d'*homme*, d'*aigle*, de *chien*, de *vautour*, d'*ibis*, etc.

4°. Outre cela, ces sortes de peintures mystiques fixaient l'attention des Égyptiens, sur les *jours caniculaires*, *sur les révolutions du Nil, et peignaient en même temps les travaux de la campagne*, selon la nature du pays (1). C'est, à quelques différences près, ce que l'on a eu l'intention d'indiquer par les sculptures astronomiques qui décorent les anciennes églises du moyen âge.

Comme on le voit par ce qui a été dit jusqu'à présent, le temple de Denderah aurait été consacré à la déesse Isis, ce qui est démontré par les bas-reliefs du soffite qui en décorent l'entrée. On y a sculpté l'inondation sur laquelle reposait la fortune des Égyptiens, et la déesse, considérée comme la nature fé-

---

(1) Voyez la seconde bande du zodiaque, toujours en partant du centre, ainsi que l'explication que j'en ai donnée dans la première partie.

condée par la puissance d'Osiris, figure d'une façon prépondérante, manière d'annoncer qu'elle présidait au phénomène du Nil, et qu'elle veillait à la prospérité de l'Égypte. On ne verra donc qu'une espèce de calendrier *solaire*, *rural*, *civil* et *religieux* dans les zodiaques qui figuraient à la porte comme dans l'intérieur du temple de Denderah.

D'après les dispositions astronomiques du monument, j'ai reconnu qu'elles peignaient l'état du ciel, tel qu'il se présentait aux Égyptiens, vers le règne de Bocchoris, c'est-à-dire 770 ans environ avant l'ère chrétienne. J'ai particulièrement démontré que la sculpture était celle du second style de l'art dont effectivement la première époque nous est inconnue. Mais si on réfléchit sur l'espace de temps qu'il a fallu pour établir d'abord le premier style de l'art en Égypte, puis celui qui s'est écoulé avant d'arriver à l'amélioration de la seconde époque, qui est celle que j'assigne au monument, on sera disposé, je pense, à reconnaître que cette époque est la seule qu'il convient de lui donner : et en cela je me félicite de partager l'opinion des écrivains sans prévention qui en ont parlé. Que l'on ne dise plus maintenant que le zodiaque circulaire de Denderah a plus de douze mille ans d'antiquité, parce que cela est impossible (1).

FIN.

---

(1) Voilà quelles sont mes idées sur cette espèce de monumens religieux : je les ai mises au jour sans aucune prétention ; j'ai cédé aux instances de mes amis.

De l'Imprimerie de RICHOMME, rue St.-Jacques, N.º 67.

www.ingramcontent.com/pod-product-compliance
Lightning Source LLC
LaVergne TN
LVHW020524210726
843507LV00026B/503